Alexander Piltz

Der letzte Stein auf den Pyramiden

Und andere Geschichten

d'Harfleur

Für Friedrich

Inhalt

Sollst du dein Brot verdienen

Um das 10. Jahrtausend vor Christus begann in den fruchtbaren Ebenen an den Strömen Euphrat und Tigris in Mesopotamien die neolithische Revolution. Dieser erstmalige Übergang des Menschen vom nomadischen Jäger und Sammler zum sesshaften Ackerbauern ist einer, wenn nicht der größte Umbruch der Menschheitsgeschichte. In diesen Schwemmländern des Gebietes, welches noch heute als Zweistromland bezeichnet wird, nahm die menschliche Zivilisation ihren Ursprung.

Der Seher zitterte am ganzen Leibe. Die Trommeln wirbelten im Takt und der Rauch vieler Feuer waberte durch die Luft. Der Geruch der Kräuter, die in den Flammen verbrannten, wurde immer intensiver und die ekstatischen Bewegungen des Sehers schienen immer wilder und unkontrollierter zu werden. Schon seit Stunden nahm er den dickflüssigen Saft zu sich, den er aus halluzinogenen Früchten und Beeren gewonnen hatte und deren Wirkung schon seinen Vorfahren bekannt gewesen war. Nicht nur den Rausch rief er hervor, nein, richtig angewandt und dosiert konnte er ein Kanal sein, eine direkte Verbindung zu den Göttern. Er, der Seher, wurde dann zu einem willenlosen Werkzeug der Geister und Ahnen. Ihr Sprachrohr, durch das sie auf die Fragen der Sterblichen antworteten, wenn es ihnen denn beliebte. Der Takt der Trommeln wurde noch schneller und die umstehenden Krieger sahen den Seher im Rausch weiter durch den Rauch tanzen, während die Feuer die Nacht schemenhaft erhellten. Auf der Opferstelle lag ein frisch erlegtes Kaninchen. Über den Altar verteilt lagen seine Eingeweide aus denen der Seher versucht hatte in die Zukunft zu blicken und dabei das Tier gleichzeitig den Göttern als Opfer dargebracht hatte. Die Männer blickten stumm und mit unveränderlichen Mienen auf das Schauspiel. Jeder von ihnen hoffte, dass der Seher ihnen enthüllen würde, wann die Gazellen kämen. Mehrere Wochen schon hatte sich keine Herde mehr am Horizont gezeigt. Doch der ausbleibende Regen musste sie hierher zum Wasser treiben. Nur wann, das war die Frage, die in den Köpfen der Männer bohrte. Die Vorräte der Gruppe waren fast verbraucht und ohne Nahrung würden die anstehenden Märsche für die Kinder und Alten nicht mehr zu bewältigen sein. Alle hofften daher auf ein Zeichen der Götter, wann die Herden kämen. Und tatsächlich, die Zuckungen des Sehers wurden noch heftiger und letztlich brach er mit Schaum vor dem Mund zusammen. Der Häuptling ging mit zwei weiteren Kriegern zu ihm, kniete nieder und sah ihm ins Gesicht. Aus den vom Stechapfel wirren Augen sah ihn der immer noch zuckende Seher an und öffnete seinen Mund, um zu sprechen: „Ich habe Visionen. Ich habe sie gesehen! Ich sehe sie! Sie kommen!“ Und während weiterer Schaum aus seinen Mundwinkeln troff, fiel er in eine totenähnliche Ohnmacht. Der Häuptling sah auf in die Gesichter rund um den Opferplatz. „Die Götter haben gesprochen. Schickt Kundschafter aus, die Herden müssen bald hier sein.“ Er erhob sich und ging mit festen Schritten in die Nacht hinein, zurück zum Lager des Stammes.

Der Jäger erwachte spät. Als er die Augen aufschlug, sah er über sich das Gesicht seiner Schwester. Mit beiden Armen hatte sie seine Schultern gepackt und schüttelte ihn hin und her. „Wach auf! Sie sind da! Die Kundschafter haben den Staub im Osten gesehen." Er brauchte einige Momente um zu verstehen. „Wer ist da?" Sie sah ihn spöttisch an: „Die Herden, was sonst. Steh auf, sonst jagen die anderen ohne dich." Der Jäger sah noch einige Sekunden lang an die Decke des Zeltes und stand dann auf. Er ging zum Türpfosten, an welchem ein lederner Wassereimer hing und nahm einen großen Schluck. Im Hinausgehen griff er seinen Speer von der Wand und ging durch die Morgensonne zur Hauptfeuerstelle, wo sich die anderen Jäger des Stammes bereits versammelt hatten. Der Häuptling ergriff sofort nach seiner Ankunft das Wort: „Die Götter haben uns erhört. Die Gazellen kommen. Unsere Kundschafter haben die Staubwolken im Osten gesehen. Wir teilen uns und werden versuchen, sie am Fluss in die Falle zu treiben. Wir nehmen Fackeln und treiben sie damit an die Ufer. Dort bleibt ihnen nur die Wahl zwischen dem Fluss und unseren Speeren. Wir brechen jetzt auf, dann werden wir die Herden zur Mitte des Tages treffen und, wenn die Götter uns gnädig sind, mit reicher Beute heimkehren." Der Häuptling sah in die Gesichter seiner Männer. Was er sah, gefiel ihm. Jedes einzelne zeigte Mut und Zuversicht, nicht aus einem einzigen konnte er Angst oder Verzagtheit erkennen. Selbst die Jungen, kaum vierzehn Jahre alt, von denen manche ihre erste Jagd erst vor kurzem hinter sich gebracht hatten, wirkten voller Elan und zeigten keinerlei Spuren von Angst oder Unsicherheit. Er teilte die Gruppen ein und die Jäger verließen das Lager in Richtung des Flusses.

Die Hitze wurde jetzt gegen späten Vormittag fast unerträglich. Schweißperlen bildeten sich auf dem Gesicht des

Jägers und tropften auf den sandigen Boden unter ihm, auf dem er lag. Er sah seine Kameraden neben sich flach auf dem Boden liegen, den Blick auf die ungefähr 500 Meter entfernte Herde gerichtet, die dort friedlich in der Mittagsglut weidete. Mehrere Tiere hatten sich etwas vom Kern entfernt und weideten nun näher an der Position der kleinen Gruppe, wobei sie ihre großen Ohren ständig wachsam umherschwenken ließen, um mögliche Gefahren frühzeitig zu erkennen. Der Jäger spähte vorsichtig über das braune Gras und sah die Tiere aufmerksam umherblicken. Links von ihnen mäanderte der Fluss in einiger Entfernung träge dahin. Er bedeutete den anderen so lange liegen zu bleiben, bis ihre Kameraden auf der anderen Seite aufstehen und die Tiere Richtung Fluss treiben würden, so wie es verabredet war. Die Sonne stach unangenehm und der Jäger hoffte inständig, dass die andere Gruppe bald in Position sein würde. Nach einigen endlos erscheinenden Minuten hörte er rechts vor sich endlich einen langgezogenen Schrei und sah die andere Gruppe mit entzündeten Fackeln auf die Tiere zu rennen. Deren Köpfe waren blitzschnell erhoben und sie stoben los, parallel zum Fluss in Richtung der immer noch flach auf dem Boden liegenden Gruppe. Der Jäger sprang auf und ließ einen gewaltigen Schrei über die Ebene schallen. Seine Mitstreiter waren ebenfalls aufgesprungen und hatten in Windeseile die Fackeln entzündet. Sie rannten laut schreiend den panischen Tieren entgegen. Die Herde erkannte die neue Gefahr und drehte ab in Richtung Fluss. Die Jäger folgten ihnen unerbittlich. Der Jäger hörte seinen Atem. Er spürte das Adrenalin, das durch seine Adern floss und eine fast orgasmische Lust zu töten überkam ihn. Er rannte weiter so schnell er konnte auf die Tiere zu. Er sah die Panik in ihren Augen, als sie in Richtung des Ufers spurteten. Seine brennenden Lungen ignorierend, hastete er mit großen Sprüngen hinterher. Vor sich am Ufer sah er einen ungefähr anderthalb Meter hohen Abbruch und versuchte die Tiere dort hinunter zu treiben. Die ersten der mittlerweile völlig panischen Tiere hatten sich ins Wasser gewagt, während andere versuchten den Ring der Jäger zu durchbrechen. Er rannte weiter auf seine Beute zu und fixierte dabei einen starken Bock, der kurz vor der Abbruchkante oberhalb der Ufers stand. Das Tier sah ihn an, während er auf es zustürmte und den Speer mit beiden Händen in Richtung seiner Beute richtete. Er nahm trotz der hunderten anderen rennenden Leiber um ihn herum wahr, wie sich jeder Muskel im Körper des Bockes spannte, doch bevor dieser sich mit einem Sprung mit allen vier Beinen vor der tödlichen Gefahr in Sicherheit bringen konnte, grub sich der Speer des Jägers tief in seine linke Flanke. Das Klagen des getroffenen Wildes wurde nur vom Triumphgeheul seines Bezwingers übertroffen. Siegestrunken hielt dieser den Speer fest, als der Bock doch noch mit ersterbender Kraft absprang und dabei über die Abbruchkante fiel. Der Jäger versuchte mit aller Kraft den Speer festzuhalten, um seine Beute nicht ins Wasser des Flusses gleiten zu lassen und damit an diesen zu verlieren. Er mühte sich, den Kadaver wieder über die Klippe zu ziehen, als er plötzlich merkte, wie der Boden unter ihm nachgab. Er versuchte sich mit ein, zwei schnellen Schritten nach hinten in Sicherheit zu bringen, ohne dabei den Speer loszulassen, jedoch brach, bevor er reagieren konnte die vorderste Linie des Ufers ab und er stürzte zusammen mit seiner Beute ungefähr zwei Meter tief in Richtung Wasseroberfläche. Der Aufprall war hart und bevor er wieder recht zu Sinnen gekommen war, hörte er noch halb betäubt zu seiner Rechten ein lautes

Schnauben und nahm einen gewaltigen Schatten über sich wahr. Ohne zu realisieren wie ihm geschah, sah er in die bösartigen, kleinen Augen und die mächtigen Kiefer des Flusspferdbullen über sich und obwohl er verzweifelt versuchte, sich durch ein schnelles Rollen in Sicherheit zu bringen, konnte er nur wehr- und hilflos mitansehen, wie sich die gewaltigen Kiefer um sein rechtes Bein schlossen. Der Schmerz durchfuhr ihn mit solcher Gewalt, dass die Natur ihm gnädig zu sein schien und ihn in eine tiefe Ohnmacht sinken ließ.

„Wir müssen ihn mitnehmen! Hier wird er sterben alleine."
„Er wird nie wieder laufen können ohne sein Bein, wir haben ihn schon weit genug getragen. Er wird uns zu nichts mehr nutze sein, nur ein weiteres Maul, das wir stopfen müssen."
„Aber wir können ihn doch nicht hier zurück lassen, den Geiern zum Fraß." Wie durch Nebel hörte er die Stimmen seiner Gefährten, als ob sie durch viele Meter Watte hindurch dringen müssten um ihn zu erreichen. „Welchen Nutzen hat ein Mann ohne Bein, eine Frau ohne Schoß, frage ich euch? Unser Leben ist hart genug, wir können ihn nicht mit durchfüttern. Die Götter haben ihn gerichtet, so sollte es sein." „Gar nichts haben die Götter! Du hast es genauso gut gesehen wie ich, dass es ein Unfall war. Nichts als ein Unfall. Wie hätte er ahnen können, dass sich ausgerechnet dort die Flusspferde herumtreiben?" „Ich sage ja, dass es ein Zeichen der Geister war. Sie wollten seinen Tod, sie haben sein Ende beschlossen." „Selbst wenn er nicht mehr jagen kann, so kann er uns mit seiner Erfahrung trotzdem noch nützlich sein." Er konnte weder die Stimmen lokalisieren, noch unterscheiden oder verstehen, was sie sagten. Sein rechtes Bein brannte wie

Höllenfeuer und es war ihm immer noch schier unmöglich einen klaren Gedanken zu fassen. Er war sich sicher, dass er träumte. Oder war dies eine Vision? Eine Nachricht von den Göttern? Aber warum dann der Schmerz, warum kamen ihm die Stimmen dann so bekannt vor?
„Wir nehmen ihn mit und werden im Lager sehen ob er überhaupt gewillt ist zu leben. Oder ob er vorher zu unseren Ahnen abberufen wird.“ „Eine Verschwendung von Kraft und Nahrung sage ich, nur ein Narr handelt so. So sehr ich ihn mochte, aber wir sollten ihn hier lassen. Warum unseren ganzen Stamm mit ihm belasten? Hat hier denn keiner gesunden Verstand?“ „Genug! Es wird geschehen, wie ich es befahl. Wir nehmen ihn mit! Ihr Zwei nehmt ihn hoch!“
Der Jäger versank, gemartert von einer neuen Woge des Schmerzes, erneut in der Finsternis der Ohnmacht.

Er schwebte wochenlang zwischen Leben und Tod. Seine Wunde entzündete sich und wollte nicht heilen. Erst nach Monaten war er soweit genesen, dass er seine Umgebung wieder aktiv wahrnehmen konnte. Auf seinem verbliebenen Bein und Krücken humpelte er durch das Lager, nachts gepeinigt von Schmerzen in dem verlorenen Bein, ein bitterer Streich, den ihm sein Geist zusätzlich zu seinem Unglück spielte. Er wusste, dass sein Wert für die Gesellschaft verloren war, und das schmerzte ihn fast noch mehr, als der körperliche Verlust. Die anderen Jäger behandelten ihn zwar weiter freundlich, doch spürte er, dass er nicht mehr einer von ihnen war, sondern ein Fremdkörper, gerade gut genug den Frauen und Kindern zu helfen, wenn diese ihren täglichen Arbeiten nachgingen. So versuchte er seinem Dasein weiter eine Berechtigung zu geben und half den Frauen, Kindern und

Alten, die im Lager blieben, während die Männer auf die Jagd gingen. Er pflückte Beeren, häutete Kaninchen, gerbte Felle, nähte Kleider aus ihnen und kochte. Oft brachten die Frauen wildes Getreide, welches sie auf den Ebenen an den Flüssen gepflückt hatten und er mahlte es zu Mehl, aus welchem er mit Wasser eine dicke nahrhafte Grütze kochte. Eines Abends trug er einen Beutel mit Getreide bei sich, als er mit seinen Krücken ausglitt und auf den Boden stürzte. Der Aufprall war schmerzhaft und ließ ihn zunächst kurz benommen zurück, doch er erholte sich schnell und kam wieder hoch. Dabei sah er, dass der Beutel geplatzt war und sich die Körner einen kleinen Abhang hinunter ergossen hatten. Fluchend machte er sich daran sie aufzusammeln, jedoch wurde ihm schnell die Aussichtslosigkeit seines Unterfangens bewusst. Die einbrechende Dunkelheit machte es ihm unmöglich den Rest der Körner zu finden und so machte er sich mit nur einem Gutteil der ursprünglichen Menge und sein Pech verfluchend auf den Weg zurück. Die anderen übten Nachsicht mit ihm, in der üblichen leicht herablassenden Weise, die sie gegenüber ihm, dem armen Krüppel, häufig zur Schau stellten. Verbittert ob ihres Verhaltens, seines Missgeschickes und seiner elenden Lage schlief er mit düsteren Gedanken ein und begann alsbald zu träumen.

Er stand auf der Ebene. Allein. Er sah die Sonne, die über dem Horizont stand und roch das Gras. Er weitete seine Nasenlöcher und sog den Geruch ein. Er glaubte nicht nur Gras, sondern alle der ihm wohl bekannten Gerüche der Ebene wahrzunehmen. Selbst den harzigen Geruch von Kiefern glaubte er zu erkennen, ohne beschreiben zu können woher er kam. In einiger Entfernung sah er das Wasser eines Flusses glänzen und den Wind in großen Schilfflächen spielen. Dann sah er nach unten. Und er sah seinen Fuß und sein Bein. Und das andere auch. Braun und sehnig standen sie nebeneinander, mit dünnem blondem Haar bedeckt. Er begann zu gehen, erst langsam, dann immer schneller und dabei spürte er das Gras unter seinen Füßen. Eine gewaltige Euphorie überkam ihn, die mehr und mehr wurde und ihn schließlich dazu brachte zu rennen. Er lief und lief und spürte dabei jeden Muskel und jede Sehne in seinen Beinen. Seltsamerweise kam er nicht außer Atem, sondern rannte mit vollen Lungen über die Ebene dahin. Er sah Bilder vor sich, riesige Herden von Antilopen, die dahinzogen und Wasserbüffel, die träge ihr Haupt aufrichteten, das Gras noch im Maule langsam kauend, um dann ihre Aufmerksamkeit wieder mit gelangweiltem Blick auf ihre Weide zu richten. Vögel stiegen aus dem Schilf auf und erhoben sich mit mächtigem Schwingenschlag in den Abendhimmel. Auf einmal wurde der Himmel schwarz und er sah zu seiner Linken ein riesiges Maul mit gewaltigen Zähnen, in welches er hineinzulaufen schien und dem er nicht würde entkommen können. Er erwachte Schweiß gebadet. Er hörte das leise Schnarchen der Sippe um ihn herum und setzte sich auf. Sein Bein war wieder verschwunden. Er stand auf und humpelte zum Ausgang des Zeltes, ging hinaus und sah zu, wie die Sonne sich blutrot aus der Nacht in die Ebene ergoss.

Am nächsten Tag brach der Stamm auf, um den Herden zu folgen. Mit Mann und Maus machte sich die ganze Sippe auf den Weg. Für den Jäger waren diese Wanderungen eine Qual. Humpelnd versuchte er mit den anderen Schritt zu halten und der Gruppe nicht allzu sehr zur Last zu fallen. Doch Schmerz und die schnell eintretende Erschöpfung forderten unerbittlich ihren Tribut. Es gab Momente wie diesen, in denen er damit haderte, dass der Flusspferdbulle ihn nicht getötet hatte. Doch er raffte sich wieder und wieder auf, weiter und immer weiter. Sie zogen den ganzen Sommer und Winter den Herden hinterher. Er sammelte weiter mit den Frauen Beeren und verarbeitete die Kaninchen und Vögel, die sie oder die Kinder von Zeit zu Zeit fingen und stellte Speere für die anderen Jäger her, die diese auf ihren Jagden benutzten. Auch mahlte er weiter das wilde Getreide zu Mehl und kochte es über den Feuern zu dicker Grütze, die er am Abend schweigend mit den anderen Mitgliedern der Sippe verspeiste. Nach dem Ende des Winters kehrte die Gruppe wieder an den Fluss zurück. Mit bitterer Miene sah der Jäger auf das glitzernde Wasser. Seine Gedanken kreisten in der Vergangenheit und erst nach langer Zeit, als die Sonne bereits untergegangen war, erhob er sich langsam auf seinen Krücken, humpelte zum Lager zurück und legte sich traurig und verbittert schlafen. Er erwachte früh am nächsten Tag und die morgendliche Kühle ließ ihn frösteln. Er drehte sich zurück in die filzige Decke, versuchte die beißenden Flöhe und Läuse darin und auf seinem Körper zu ignorieren und hoffte vergeblich darauf, noch einmal, zumindest kurzzeitig einzuschlafen.

Nachdem er einige Zeit still gelegen hatte und die Sonne mittlerweile deutlich über den Horizont gestiegen war, erhob er sich mühsam. Ist es das hier, was mir vom Leben bleibt? fragte er sich. Bin ich dazu bestimmt, jeden einzelnen Morgen zu erwachen und zu fluchen? Nachdenklich blickte er nach oben. War das wirklich alles, was ihm vom Leben bliebe? Ein nutzloser Krüppel, der abhängig von der Gnade seiner Sippe den Rest seines Lebens fristete? Die Dunkelheit, die seit jenem

Tag am Fluss über seiner Seele lag, schien ihn fast zu erdrücken. Er sah auf das entfernte Wasser. Warum nicht hineingehen, dachte er bei sich. Warum nicht diese erbärmliche Existenz dort beenden, wo ihr Martyrium begonnen hatte. Einige wenige Augenblicke des Schmerzes und der Verzweiflung und dann wäre er für immer von der Last dieser unerträglichen Existenz befreit. Während er überlegte, ob er wohl den Mut dazu haben würde, bemerkte er etwas Seltsames an sich. Ohne dass er es gewollt oder gar gesteuert hätte, erschien ein kaum wahrnehmbares Lächeln auf seinem Gesicht und er glaubte tief in seinem Inneren eine Art Musik zu hören. Begierig hörte er hin. Wie ein Verdurstender das Wasser, so sog er die Töne ein und ein eigenartiges Gefühl der Zuversicht, ja des Triumphes durchfuhr ihn. Voller neuer Energie erhob er sich. Er fühlte sich stark wie lange nicht mehr, griff sich seine Krücken und humpelte in Richtung des Flusses. Innerlich euphorisch und fast trunken vor Glück über seinen Entschluss bemerkte er erst recht spät den Abhang an jener Stelle, an der er vor so vielen Monaten gestürzt war. Wildgetreide wuchs hier. Dicke schwere Ähren glänzten golden auf den Halmen. Er wunderte sich. Wo kamen die her? Beim letzten Mal, als er hier gestanden hatte, war nicht eine einzige Pflanze hier aus dem Boden gewachsen. Und nun gleich mehrere Dutzend. Er dachte kurz nach. Konnte es mit seinem Beutel zu tun haben? Sollten die Körner, über deren Verlust er sich selbst so sehr geärgert hatte, ihm hier reiche Ernte bringen? Ungläubig starrte er auf die Halme, die der Wind leicht hin und her wiegte. Die Erkenntnis durchfuhr ihn wie ein Blitz die Nacht, keine Wanderungen mehr, kein Hungern mehr im Winter oder wenn die Späher die Herden nicht finden konnten. Man brauchte nur noch die Körner auszuwerfen und zu warten. Er hätte jauchzen können vor Freude über seine Entdeckung. Er sah sich langsam um und dankte still der Sonne, von der er sich sicher war, dass sie ihn an diesen Ort geführt hatte. Als er nach einigen Augenblicken des Innehaltens begann zurückzugehen um seiner Sippe zu berichten, ahnte er nicht, dass seine Entdeckung die Geschichte der Menschheit mehr verändern würde als jede andere.

Der letzte Stein auf den Pyramiden

Zum Ende der Regierungszeit des ägyptischen Pharao Cheops, welcher von ca. 2620 v.Chr. bis 2580 v.Chr. regierte, wurde bei Gizeh sein Grabmal nach mehr als zwanzigjähriger Bauzeit im Beisein des Pharao fertiggestellt: die Cheopspyramide. Tausende Arbeiter unter der Führung des Baumeisters Hemiunu schichteten Millionen Steine zu einem der bis heute beeindruckensten Bauwerke der Weltgeschichte auf, dem einzigen noch verbliebenen der sieben Weltwunder.

Das warme Wasser umspielte seine Füße und unter den kleinen Wellen zogen Schwärme von winzigen Fischen ihre Bahnen in der Strömung. Regungslos standen manche in kleinen Gruppen unter der Oberfläche im flachen Wasser und glichen die Strömung mühelos durch winzige Bewegungen ihrer Flossen aus. Fast schien es, als ob sie sich in den letzten Strahlen der untergehenden Sonne noch einmal wärmten, um dann zur Nacht in die schwarzen Tiefen des Flusses zurückzukehren. Als die Sonne begann, rotglühend hinter den Dünen im Westen zu versinken, sah Ramose auf. Er ließ seinen Blick Richtung Horizont schweifen, wo die Landschaft mittlerweile in tiefem, warmem Rot leuchtete. Selbst die Palmen, die sich in der abendlichen Brise sanft hin und her wiegten, sahen aus, als stünden sie lichterloh in Flammen. Der Atem des Ra[1], dachte Ramose bei sich und atmete tief ein. Für einen Augenblick fühlte er sich, als ob der allmächtige Sonnengott sein Auge auf ihn gerichtet habe. Aber er verwarf den Gedanken schnell. Nein, nicht er war der Grund göttlicher Aufmerksamkeit, sondern vielmehr jenes gigantische Bauwerk, das sich in einiger Entfernung klar gegen den Sonnenuntergang abzeichnete. Einem Gebirge gleich erhob sich die große Pyramide des Cheops aus dem Boden der Wüste. Ein riesiges Bauwerk, geschaffen zu Ehren des Pharao, des Gottkönigs von ganz Ägypten. Tausende Arbeiter hatten Jahrzehnte gebraucht, um die Pyramide zu errichten. Steinmetze hatten Millionen von Blöcken aus dem Fels gebrochen, die Schicht um Schicht das Grabmal des Pharaos immer weiter zum Himmel wachsen ließen. Handwerker aus aller Herren Länder waren an den Nil gekommen, um den Bau fertigzustellen. Träger aus Nubien und Kupferschmiede aus dem Zweistromland waren dabei, ebenso Künstler aus Philistäa und Kanaan. Die besten Handwerker aber, und vor allem die Architekten, kamen aus Ägypten selbst. Männer mit unvergleichlichen Fähigkeiten auf ihrem Gebiet, die es möglich gemacht hatten die Pyramide ohne allzu große Verzögerungen fertigzustellen. Sie alle unterstanden dem Obersten Baumeister der Pyramide, Hemiunu, selbst ein Mann von höchstem Adel, der Neffe des Pharao, der von seinem Onkel beauftragt war, ihm ein eines Gottkönigs würdiges Grabmal zu errichten. Und er selbst, Ramose, geboren in einer Hütte an den Ufern des Nils, war

---

[1] Altägyptischer Sonnengott

einer dieser vielen. Schon früh war er von seinem Vater, einem Steinmetz, in die Geheimnisse dieses Handwerkes eingeweiht worden, bis ihm, kaum 15 Jahre alt, die große Ehre zuteilwurde, auf der Baustelle des Pharao arbeiten zu dürfen. 30 Jahre hatte er seitdem an der Pyramide mitgebaut. Vom Glätten des Felsplateaus, auf dem sie stand und dem Brechen der ersten übermannshohen Quader aus Sandstein, die aus dem nahen Steinbruch herangeschafft wurden, hatte er jede Phase des Baues begleitet. Er hatte geholfen die gewaltige Rampe aufzuschütten, die es den Bauarbeitern ermöglichte, die Steine immer höher und höher aufzuschichten. Mit Werkzeugen aus Kupfer und Stein hatte er tausende von Blöcken behauen und in die jeweils richtige Form gebracht, die sie benötigten um an ihrer entsprechenden Stelle verbaut zu werden. Als seine Söhne alt genug wurden, hatten sie ihm geholfen und so war über die Jahre die Pyramide höher und höher in den Himmel der Wüste gewachsen. Und morgen sollte es soweit sein, würde sein Lebenswerk vollendet. Er, Ramose, war ausersehen das Pyramidon, die Spitze der Pyramide, an welchem er bereits seit drei Jahren arbeitete, auf das Abschlussplateau der Pyramide zu setzen. Noch zeichnete sich die ungefähr drei mal drei Meter große Plattform scharf gegen das Abendlicht ab, doch morgen schon würde die Kontur vollständig sein, dachte Ramose mit tiefem innerem Stolz bei sich.

Ihn befiel bei dem Gedanken an den morgigen Tag ein Gefühl des Glückes, aber auch der Melancholie. Er fragte sich kurz, ob seine Leistung wohl zählen würde, wenn er dereinst vor Osiris Rechenschaft würde ablegen müssen, und ob ihm die

Gunst des Pharaos möglicherweise im Jenseits würde helfen können. Doch er verdrängte diese Gedanken.

Er warf einen letzten Blick zu den Fischen zu seinen Füßen, die immer noch regungslos über dem Grund verharrten, drehte sich um und lief im letzten Licht des endenden Tages an den Palmen vorbei zurück zu seiner Hütte in der Handwerkersiedlung.

Ramose erwachte früh. Es dämmerte kaum, als er zum ersten Mal aufstand um sich etwas die Beine zu vertreten. Er verspürte einen leichten Durst, den er mit einem Becher Nilwasser stillte. Die Aufregung hatte ihn in der Nacht kaum schlafen lassen und auch jetzt stellte sich keine rechte Müdigkeit ein, so dass er sich trotz der frühen Stunde zur Pyramide aufmachte. Er ging das kurze Stück zur Baustelle und besah sich noch einmal sein Werk, welches bereits am Fuße der Rampe in Position gebracht worden war. Andachtsvoll legte er seine Hand auf den glatt polierten Sandstein. Er besah sich den Stein von allen Seiten und ließ seinen kritischen Blick über ihn wandern, ob er nicht doch eine ungenaue Stelle, einen kleinen Makel auf dem Fels würde erspähen können. Es war wichtig, dass die Seiten völlig glatt waren, damit das Ka, die Seele des Pharao, nach dessen Tod zu seinem Vater dem Sonnengott über die Seiten der Pyramide in den Himmel würde emporsteigen können. Doch er fand nichts, an dem er hätte Anstoß nehmen können. Er lächelte zufrieden und blickte dabei die Rampe herauf, die sich wie eine Schlange um die Pyramide herumwand. Es würde viele Stunden dauern bis der gewaltige, tonnenschwere Block mit

Hilfen der mechanischen Rollen unter ihm, mit Seilen und Druck der Arbeiter von unten an seinem Bestimmungsort ankäme. Es war eine sehr gefährliche Arbeit, vor allem für die Arbeiter, die den Block von unten die Rampe heraufdrücken mussten. Wenn der Block ins Rutschen käme, würde er sicherlich viele von den Dahinterstehenden in den Tod reiβen. Umso wichtiger war es, dass die Taue, mit denen das Pyramidon die Rampe hinaufgezogen wurde, die Last hielten. Auch diese würde er vor Beginn des Aufganges nochmal persönlich überprüfen. Mittlerweile fühlte er sich doch hungrig und er schlenderte in der kühlen Morgenluft zurück in die erwachende Siedlung.

Jedes der Basttaue war so dick wie der Arm eines Mannes. Ramose prüfte jedes einzelne mit kritischem Blick, bevor es unter seiner Anleitung um den Block geschlungen wurde. Die Ägypter und Nubier, die es die Rampe hinaufziehen würden, waren unter den besten und erfahrensten der Arbeiter ausgesucht worden. Sogar der Baumeister selbst stand plötzlich neben Ramose und kontrollierte die Taue ein weiteres Mal. Als auch er zufrieden war, gab er den Befehl, das Pyramidon auf die bereit stehenden Rollen zu ziehen. Über hundert Männer waren nötig, um das riesige Gewicht von der Stelle zu bewegen, doch Meter für Meter kämpfte sich die Transportmannschaft die Rampe herauf. Die Männer schwitzten erbärmlich in der Sonne, die zur Mitte des Tages immer heiβer brannte. Jede Stunde musste die Mannschaft gewechselt werden, so anstrengend war die Arbeit, die sie verrichteten. Ramose schauderte bei jedem der gefährlichen

Wechsel, bei denen stets die Gefahr bestand, dass die geschwächte, alte Truppe das Gewicht während des Wechsels nicht halten könnte. Bereits zur Mittagszeit wurde klar, dass die Bewältigung der Strecke bis zum Abend aussichtslos wäre. Tatsächlich waren bis zum Abend erst gute drei Viertel der Gesamtstrecke zurückgelegt. Hektisch begannen die Arbeiter, das Pyramidon für die Nacht auf der Rampe zu fixieren. Dabei glitt einer von ihnen auf der abfallenden Rampe aus und stürzte laut schreiend in die Tiefe, wobei er versuchte sich am Saum von Ramoses Gewand festzuhalten. Ramose zitterte als er ihn stürzen sah und ihm dabei bewusst wurde, in welcher Gefahr er sich befunden hatte. Er sah nicht hin, als er den Aufschlag des Mannes hörte, sondern hob den Kopf und flehte den Sonnengott an, ihn die Fertigstellung noch erleben zu lassen. Müde und erschöpft bezog er am Abend Quartier in einem behelfsmäßigen Zelt direkt am Fuße der Rampe und fiel schnell in einen tiefen und traumlosen Schlaf.

Er erwachte voller Tatendrang und begab sich sofort nach dem Aufstehen wieder an die Arbeit. Er wusste, heute würde er sein Werk vollenden können.

Tatsächlich hatten die Arbeiter es bis Mittag geschafft auf wenige Meter an die Plattform heranzukommen. Ramose war völlig auf die Bewegung des Pyramidons konzentriert. Der Schweiß lief ihm in Strömen am Körper herab. Die Sonne stach erbarmungslos auf die erschöpften Männer herab und ließ jeden Atemzug zur Qual werden. Nur noch wenige Meter, trieb Ramose sich selbst an, dann ist es endlich vollbracht. Er kniete nieder und vermaß noch einmal die Fugenbreite, um sich absolut sicher zu sein, dass die Steine ohne Zwischenraum aufeinander passen würden.

Lauter Hörnerklang ließ ihn auffahren. Tief unter sich sah er eine große Anzahl von Streitwagen auf die Baustelle zufahren, die mit ihren Rädern den Wüstensand zu einer schimmernden gelben Wolke aufwirbelten. Der vorderste der Wagen wurde von zwei weißen Rossen gezogen, die auf die Entfernung wie helle, pulsierende Flecken vor dem dunklen Felsuntergrund der Baustelle wirkten. Ramose atmete tief ein. Da war er. Cheops, der Sohn des Ra, Pharao von ganz Ägypten, selbst war gekommen, um die Fertigstellung seines Grabmales mitzuerleben. Die Anwesenheit des Gottkönigs ließ Ramoses innere Anspannung noch weiter ansteigen. Er befahl den Männern, nun auch noch die letzten Zoll zurückzulegen, während er von oben auf den Pharao blickte, der nun neben seinem Neffen, dem Baumeister eingetroffen war und sich dort im Schatten eines aufgespannten Baldachins niedergelassen hatte. Ramose spürte seine Blicke und die all der anderen Tausenden auf der Baustelle und kalter Schweiß trat ihm auf die Stirne. Unter seiner Anleitung rollten die Nubier nun den Block auf die Plattform. Ihm wurde übel vor Angst, dass er sich doch vermessen haben könnte, doch die Übelkeit wich sehr schnell der Erleichterung als er sah, dass sein Pyramidon wie angegossen auf die obere Plattform passte. Als die letzte Rolle unter dem Block weggezogen wurde, brach unter ihm Jubel aus tausenden Stimmen aus. Ramose fühlte seine Kehle trocken werden und sah hinunter auf die Menge unter ihm. Der Pharao hatte sich unter seinem Baldachin erhoben. Er ging einige Schritte vor und hob die Hand mit dem Zepter, woraufhin wie auf ein unsichtbares Signal all die Tausende auf die Knie in den Wüstensand sanken. Auch Ramose und der Arbeitstrupp auf der Rampe beugten sich vor dem Gottkönig nieder. Die Sonne, welche jetzt bereits im Westen und deutlich näher am Horizont stand, brannte weiter erbarmungslos auf sie herab. Ramose hob den Kopf etwas, um den Pharao im Blick behalten zu können. Er fragte sich, ob dieser nun zu den Menschen sprechen würde. Würden sie heute die Stimme des Sohnes der Sonne hören? Würde diese Gnade ihnen zuteilwerden? Ramose spürte seinen Hals noch trockener werden, als dieser von Sonne und Staub des Tages ohnehin schon war. Er spürte die Schweißtropfen seinen Rücken herunterlaufen und hörte das leise Atmen der Männer hinter ihm. Wussten sie, die sie aus jenem, fernem Land im Süden kamen um die Magie dieses Augenblicks? Um die Göttlichkeit des Pharao? Doch Ramoses Hoffnung wurde enttäuscht. Nachdem sein Blick noch einige Momente auf seinem Grabmal geruht hatte, bedeutete der Pharao mit einer kaum wahrnehmbaren Geste seinem Streitwagenfahrer, dass die Zeit des Abmarsches gekommen war. Die beiden weißen Pferde tänzelten leicht aber deutlich sichtbar, als ihr Herr sich hinter den Fahrer auf den silbernen Streitwagen schwang und sich die Kolonne in Bewegung setzte. Sie fuhr an den immer noch knienden Bauarbeiter vorbei Richtung Nil, wobei die Hufe und Räder wiederrum so viel Staub aufwirbelten, dass selbst Ramose oben auf der Rampe alle Beherrschung aufwenden musste um nicht zu husten. Langsam entfernte sich der Gottkönig, so wie er zuvor gekommen war. Ramose und die restlichen Männer schleppten sich todmüde die Rampe herab. Unten angekommen wurden sie von der begeisterten Menge empfangen. Arbeiter und Freunde umringten sie und ließen sie hochleben. Der Baumeister selbst ließ sie schließlich in sein Zelt rufen und bewirtete sie mit gebratenem Fleisch und statt des Wassers des Nils, tranken sie zur Stärkung Wein aus den Gärten Kanaans. Später am Abend, kurz vor Sonnenuntergang, begab sich Ramose zurück zum Fluss wie zwei Abende zuvor. Er blieb einige Zeit am Ufer stehen und besah sich erneut die Fische, die sich im Wasser tummelten. Dann blickte er Richtung Westen und sah die riesige Silhouette der nun vollendeten Pyramide vor sich aufragen. Was für ein Bauwerk hatten sie für den Pharao geschaffen. Ramose sah erneut auf den Nil. Er selbst würde nicht in einer solchen Grabstätte liegen, sondern nun, da sein Lebenswerk vollendet und seine Kräfte nachließen, wohl irgendwann hier an den Ufern des Flusses verscharrt werden. Aber das störte ihn nicht. Er würde leichten Herzens vor Osiris treten, im Wissen um den Schutz des Pharao. Er selbst würde wie alles irdische Leben vergehen, aber sein Werk war eines für die Ewigkeit. Der letzte Stein auf den Pyramiden.

Meine Worte für die Ewigkeit

Im 18. Jahrhundert v. Chr. herrschte in der Stadt Babylon in Mesopotamien (Zweistromland) König Hammurapi (oder auch Hammurabi), der sechste Regent seiner Dynastie. Seine Regierungszeit war für die Stadt und den Staat Babylon, damals einer von vielen Stadtstaaten im Zweistromland eine sehr erfolgreiche. Anders als bei vielen anderen Herrschern ist von ihm aber weniger seine politische oder militärische Leistung in Erinnerung geblieben, als vielmehr die Niederschrift einer der ersten Gesetzessammlungen der Geschichte. Gesetze, die in akkadischer Sprache und Schrift in eine 2,25 Meter hohe Dioritstele eingemeißelt sind, eine Sammlung, geschaffen für die Ewigkeit.

Die Luft im Raum war stickig und von feinem Staub durchsetzt. Es roch nach Schweiß und Erde und durch die halbgeöffnete Tür konnte man die draußen stehende Hitze spüren. Hin und wieder ging ein leichter Luftzug durch den Raum und verschaffte den auf dem Boden sitzenden Männern eine ersehnte Erleichterung. Einige Insekten hatten sich in der Mittagshitze in die Hütte vorgewagt und harrten darauf, einem der von der Hitze müde gewordenen Männer mit einem kühnen Stich etwas Blut zu entsaugen. Für die meisten endete der Versuch zwischen verschwitzter Haut und Hand, und von einem wilden Fluch in den Tod begleitet. Die Männer warteten geduldig. Sie sprachen kaum, und wenn dann über Belanglosigkeiten des Alltages. Im Raum verstreut waren Steintafeln mit Inschriften und einige Skulpturen, von denen die meisten Jagdszenen oder höfische Zeremonielle zeigten. Viele zeigten Männer mit langen krausen Bärten, die auf reich verzierten Streitwagen standen und ihre Jagdspieße auf Löwen gerichtet, diese erlegten.

Nach einiger Zeit des Wartens kam ein deutlich besser gekleideter Mann zur Türe hinein. Auch er trug einen langen Bart und eine bunt gefärbte, Kleid artige und bis zum Boden reichende Tunika. Die Männer auf dem Boden erhoben sich.

„Ich bin zum Palast bestellt. Ich bin sehr zuversichtlich, dass mir der König einen neuen Auftrag erteilen wird. Richtet in meiner Abwesenheit alles so her, dass wir unmittelbar nach meiner Rückkehr beginnen können, was auch immer der Auftrag sein mag. Habt ihr das verstanden?“ Die Männer auf dem Boden nickten. „Ja Meister, es soll geschehen wie ihr es wünscht“, sagte der Älteste. „Gut!“, entgegnete der Mann in der Tür, drehte sich um und verließ die Werkstatt nach draußen auf die Straße. Die Hitze war mittlerweile fast unerträglich geworden. Vor der Tür stand eine von sechs Sklaven getragene Sänfte. Ein Diener trat an den Mann heran, während dieser es sich in der Sänfte bequem machte und befestigte einen Kegel aus Harz auf seinem Haar, welcher in der Hitze schmolz und einen angenehmen Duft verströmte, der die weniger beliebten Gerüche, von denen die Luft in den Straßen geschwängert war, überdeckte. Auf einen kurzen Befehl hin hoben die Träger die

Sänfte an und setzten sich langsam in Bewegung. Die Träger wirbelten beim Gehen Staub von der Straße auf, der sich auf den nassgeschwitzten Körpern festsetzte. Auch der Mann in der Sänfte war davor nicht gefeit. Mit einer ärgerlichen Handbewegung wischte er sich die Schweißtropfen von der Stirn und schnaubte aus. Er sah gedankenverloren auf den mächtigen Strom Euphrat, an dem der Weg entlangführte. Ohne wirkliche Konzentration sah er die Kinder darin spielen und die Fischer und Waschfrauen ihrem Tagewerk nachgehen. Er überlegte, welchen Auftrag der Palast wohl für ihn bereithalten könnte. Wahrscheinlich ein neues Bildnis der Ischtar, der Mutter der Götter, oder ein neues Fries für die zahlreichen Um- und Neubauten, die der König in Babylon durchführen ließ. Während ihn diese Gedanken beschäftigten, trieb er die Träger an und harrte seiner Ankunft im Palast. Die Sänfte bog ab auf die gepflasterte Prachtstraße, welche direkt zum Palast führte und passierte dabei die gewaltige Zikkurat des Marduk[2]. Während er mit, durch die vielen Male, die er sie bereits gesehen hatte abgestumpfter Bewunderung auf die Tempelanlage schaute, kam ihm der Gedanke, ob nicht vielleicht hierfür einige neue Fresken oder Standbilder angefertigt werden sollten. Darüber nachsinnend, malte er sich im Geiste bereits Formen und Farben aus und überschlug im Kopf die Kosten und den Gewinn, so dass er letztlich fast überrascht war, als die Sänfte vor dem Palast des Königs von

[2] Stadt- und Hauptgott von Babylon

Babylon, Hammurapi I, anhielt und er von einer Wache barsch nach dem Grund seines Besuchs gefragt wurde.

„Mein Name ist Meister Dagan der Steinmetz. Der Wesir hat nach mir schicken lassen.“ Die Wache sah ihn mit zusammengekniffenen Augen an. Offenbar von der Sänfte beeindruckt, entschied der Soldat dann seinen Vorgesetzten zu Rate zu ziehen und rief etwas Unverständliches in das Wachlokal herein, worauf einen Augenblick später ein etwas besser gekleideter Soldat, vermutlich der Wachhabende, erschien. „Was kann ich für Euch tun?“, fragte er in deutlichen freundlicheren Tonfall als sein Vorgänger, woraufhin Dagan ihm erneut erklärte, das er vom Wesir in den Palast beordert worden sei. „Wartet hier, ich werde nach ihm schicken lassen.“ War die bestimmt vorgetragene Antwort und Dagan richtete sich ein, einige Zeit zu warten. Nachdem er ein Weilchen in der Sonne gestanden und die Außenmauern des Palasts betrachtet hatte, kam die Wache erneut heraus und bat ihn in einen Innenraum, in welchen man nach einem kurzen Gang über den Hof des Palastes gelangte. Meister Dagan setzte sich auf eine Bank an der Wand des Raumes und begann, nachdem die Wache wieder gegangen war, zu warten. Die Hitze des Tages ermüdete ihn und schon bald versank er in einer Zwischenwelt aus wachen und dösen und sinnierte, seines Geistes nur noch beschränkt mächtig, dahin. Er hörte die Grillen zirpen und sah vor seinem inneren Auge Bilder. Bilder von sich als Kind, wie er mit seinen Altersgenossen in den Wassern des Euphrats geschwommen war, als noch König Hammurapis Vater, Sin-Muballit über Babylon geherrscht hatte. Fast meinte er tatsächlich die Wellen nochmals auf seiner Haut zu spüren und er sah die Gesichter seiner damaligen Gefährten in ihm fast gespenstisch vorkommender Klarheit vor sich. So sehr er sich allerdings auch den Kopf zermarterte, konnte er sich zu seinem Erstaunen nicht mehr an auch nur einen einzigen ihrer Namen erinnern. Er sah sich selbst vor sich in der Werkstatt seines Vaters. Erinnerte sich, wie er zum ersten Male einen Stein behauen hatte und fühlte noch einmal den Stolz, den er verspürt hatte, als die erste seiner Arbeiten gut genug für die Tempel gewesen war. Er fühlte unter seinen Fingern den kalten Stein und sah in das strenge, aber dennoch liebevolle Gesicht seines Vaters, der lobend hinter ihm stand. Ein wohlig warmes Gefühl umfing ihn bei dem Gedanken daran, welches wenige Augenblicke zusammen mit den Bildern in seinem Kopfe verschwand, als er eine Hand auf der Schulter spürte und nach einem kurzen Augenblick der Irritation einen Palastdiener vor sich sah:

„Der Wesir Awel-Ninurta ist nun bereit Euch zu empfangen."

Sie gingen durch lange Flure und eine Treppe hinauf und kamen schließlich in einen Raum, der offenbar als Empfangsraum für Gäste des Wesirs gedacht war. Dagan wurde bedeutet sich zu setzen und nach kurzer Zeit kam der Wesir herein. Ganz nach babylonischer Mode trug er einen langen welligen Bart und einen Stirnreif aus Bast zu seinen bodenlangen Gewändern. Seine braunen Augen wurden von gewaltigen, buschigen Brauen gekrönt, welche einen fast durchgehenden Balken bildeten und nur angedeutet eine Lücke zwischen den Augen erkennen ließen. Er strahlte eine herrische, fast schroffe Art aus und Dagan beeilte sich, sein Haupt zu einer tiefen Verbeugung zu senken.

„Ihr seid Meister Dagan der Steinmetz?“, fragte er scharf. „Ja, der bin ich Herr, stets zu euren Diensten, wie kann ich euch zu gefallen sein.“ „Wie ihr Euch denken könnt, seid Ihr hier wegen eurer Künste im Schneiden von Steinen. Es geht um einen Auftrag, welchen Hammurapi, unser aller und gütigster König, Geliebter des Marduk, Euch zu erteilen gedenkt.“ Dagan frohlockte innerlich, ein Auftrag von seiner Majestät selbst konnte nur gewinnbringend sein. Und darüber hinaus sich auch nur auf das positivste auf seine Reputation auswirken. „Ich fühle mich aufs tiefste geehrt, Wesir.“ Strahlte er Awel-Ninurta an. „Was darf es für den König sein? Ein Standbild? Fresken, oder ein Relief vielleicht?“ Dagan zählte innerlich bereits die Goldmünzen, die er für diesen Auftrag erhalten würde.

„Nichts dergleichen. Was ihr für den König herstellen sollt ist eine Inschrift.“ Dagan sah kurz irritiert auf. „Eine Inschrift?“, murmelte er. „Und was soll ich wohin schreiben?“ Im Inneren ob des recht simpel erscheinenden Auftrages bereits seinen erhofften Lohn zusammenschmelzen sehend. Der Wesir hob an zu antworten, jedoch bevor er einen Laut herausbringen konnte, unterbrach ihn eine Stimme aus dem hinteren Bereich des Raumes. „Mein Wort ist es, das ihr schreiben sollt. Und zwar so, dass es bis auf alle Ewigkeit jeder sehen und es niemals vergessen soll.“ Die Stimme klang weich aber bestimmt und ließ in Dagan den Gedanken an seinen Vater wieder emporkommen. Er verharrte kurz und erst als er sah, dass der Wesir auf die Knie gesunken war, ging er ebenfalls zu Boden und drückte sein Gesicht auf den Steinboden. „Majestät“, hörte er den Wesir sagen, „die Sonne verblasst ob eurer Anwesenheit.“ Der König lächelte ihn leicht spöttisch an und sagte dann an den auf dem Boden liegenden Dagan gerichtet: „Ihr könnt euch glücklich schätzen, dass ihr für diesen Auftrag auserwählt wurdet. Erhebt euch!“

Dagan hob den Kopf vom Boden und sah dem von zwei Wachen begleiteten König ins Gesicht. Der sah jünger aus, als Dagan erwartet hatte, trug allerdings einen ebenso langen Bart wie der Wesir, wenn auch die schwarze Farbe deutlich voller wirkte als die des leicht ergrauten Exemplars des Wesirs. Eine scharfgeschnittene Nase verlieh dem Gesicht zusammen mit aufmerksamen braunen Augen einen gütigen Ausdruck. Die leicht schräge Kopfhaltung des Königs ließ diesen sehr direkt und aufmerksam erscheinen. Sein Haupt wurde von einem Reif aus Lapislazuli gekrönt. Alles in allem dachte sich Dagan, ein Mann, den man wohl als gut aussehend beschreiben könnte. Er war erstaunt dem gottgleichen Herrscher Babylons so nah zu sein und konnte sich keinen Reim darauf machen, warum dieser ihm, dem kleinen Steinmetz, wenn auch mit Verlaub dem besten seiner Art in ganz Babylonien, wie Dagan über sich selbst dachte, die ungeheure Ehre eines persönlichen Treffens zugestand. Oder war er vielleicht zufällig hier? Nein, es schien ihm unwahrscheinlich, dass der König orientierungslos durch den Palast wandeln sollte. Das hieße ja tatsächlich... „Wesir, erklärt ihm alles was er wissen muss. Er soll sein Werk beginnen, so schnell es geht.“ Wurden Dagans Gedanken durch die Worte des Königs unterbrochen. „Es geschehe wie ihr es wünscht, Majestät“, antwortete der Wesir. Der König nickte stumm und ebenso schnell wie er gekommen war, verließ er die Kammer wieder, die beiden, Wesir und Steinmetz zurücklassend.

„Nun hört was der König wünscht“, hub der der Wesir erneut an, und Dagan folgte mit bei jedem Wort steigendem Erstaunen seinen Ausführungen.

Wie ein Wirbelwind hetzte er in den staubigen Raum. Die Männer auf dem Boden waren derartig überrascht, dass sie zunächst untätig sitzen blieben und erst nach deutlichsten verbalen und auch handfesten Aufforderungen ihre Positionen verließen und auf ihre Füße kamen. „Ihr faules Pack!", fluchte Dagan, aber seine Laune war innerlich zu gut, um wirkliche Wut auf seine Hilfsarbeiter zu empfinden. „Hört mir gut zu. Unser gütigster Herrscher, Hammurapi, der König von Babylon hat mich beauftragt seinen Willen und seine Worte für die Ewigkeit festzuhalten. Eines der höchsten Güter unseres göttlichen Herrschers ist die Gerechtigkeit. Und um diese in ganz Babylon zu gewährleisten, hat er unserem Land Gesetze gegeben. Diese Gesetze, Ausfluss höchster Weisheit, werden wir festhalten. Und zwar so, dass bis in alle Ewigkeit jeder sie lesen kann, damit die Menschen auf der ganzen Erde in Freiheit und Gerechtigkeit nebeneinander leben können.“

Er starrte in verständnislose Gesichter. „Törichte Narren“, dachte er bei sich. „Diese tumben Kerle verstehen gar nicht worum es hier geht.“ Und er fragte sich, ob nicht ein

Gesetzbuch für diese Gestalten eher vergebene Liebesmüh als göttliches Geschenk sein würde. Nichts hinderte ihn dennoch daran, mit Feuereifer an die Arbeit zu gehen. Er wählte persönlich den Stein aus, in den er die Gesetze der Königs für alle Zeiten hineinschreiben sollte. Erst der sechzehnte Stein, der ihm gezeigt wurde, war ihm gut genug. Das Diorit war fast völlig schwarz und wies eine feinste, mit bloßem Auge kaum zu erkennende Maserung auf. Der Stein war makellos, knapp über zwei Ellen breit und weder Kerben noch Risse waren auf der gesamten Länge von siebeneinhalb Ellen zu erkennen. Zufrieden betrachte Dagan den Stein, als er in seiner Werkstatt fertig zur Bearbeitung stand. Seine Männer brauchten Tage, um den Stein auf der gesamten Länge so abzuschleifen, dass er eine völlig glatte und fast spiegelnde Oberfläche erhielt. Der Meister prüfte ihn selbst viele Stunden lang, indem er seine Finger langsam auf im entlang auf und ab gleiten ließ. Als er ihn schließlich für gut befunden hatte, begann die eigentliche Arbeit. Dagan maß am oberen Ende der Säule eine zweimal zwei Ellen große Fläche ab. Auf der linken Seite dieser trieb er mit größter Sorgfalt ein Bild des Königs in den Stein. Er stellte den König dar, wie er ihn gesehen hatte. Ein langes Gewand ließ er ihm fast bis zu den Füßen gehen. Den linken Arm verschränkte der König vor dem Bauch während der rechte, den Ellbogen auf dem linken Handgelenk aufstützend, nach oben gerichtet war. Zwischen rechter Hand und Ellbogen hielt der König einen Schild. Der im Profil dargestellte Kopf wurde von einem Bart nach Babylonischer Sitte geschmückt und auf seinen Kopf setzte er ihm einen Helm. Der König als Beter, dachte Dagan ehrfürchtig, während er begann auf der rechten

Seite des Reliefs das Bild des Gottes Schamasch, des Herrn der Gerechtigkeit, auf seinem himmlischen Thron einzumeißeln. Diesen stellte er nach babylonischer Sitte sitzend dar. Das Bild des Gottes trug ebenfalls einen langen Bart und sein Haar als langen Zopf um seinen Kopf gewickelt. Dagan hoffte inständig, dass der Gott sich durch sein Abbild nicht beleidigt fühlte und gab sich dreifache Mühe, um nicht aber auch den kleinsten Fehler in das Bild zu schneiden. Als er nach Tagen seine Arbeit betrachtete und sie vor seinem strengen Auge als gut befunden hatte, legte er sich hocherfreut aber dennoch unendlich müde ins Bett und schlief so tief ein, dass ihn erst als der neue Tag schon in hellem Licht stand einer seiner Diener weckte, um ihm zu berichten, dass die Schreiber der Königs mit den Tontafeln gekommen waren, auf welchen des Königs Gesetze standen.

Dagan begann früh mit dem Übertragen des ersten Teils der Tontafeln. Sorgfältig studierte er sie zunächst Wort für Wort, um ihren Inhalt zu kennen und später keine Fehler zu machen, welche sich nicht mehr würden korrigieren lassen. Er bat sich dazu völlige Ungestörtheit aus und als einer seiner Männer hereinkam, um etwas zu erfragen, wurde er unter wüsten Flüchen vom Meister wieder hinausgejagt. Der Prolog des Werkes sollte nach dem Willen des Wesirs, und damit wohl auch des Königs mit der Erklärung seiner Herrschaft beginnen. Aufmerksam las Dagan, wie Marduk, der Gott der Stadt Babylon von Anu und Enlil, Vater und Mutter der Götter zur Herrschaft über das Menschengeschlecht berufen worden war und wie deswegen seine Stadt, Babylon, das Zentrum der Welt bildete. Da Marduk nun wünschte, dass es den Menschen gut gehe, dass die Welt in rechter Ordnung sei, die Schwachen beschützt und die Übeltäter bestraft würden, so hatte er Hammurapi als König von Babylon eingesetzt. Dagan war nach dieser Lektüre voller Tatendrang und begann noch am Abend die Säule zu bearbeiten. Wort für Wort meißelte er die Buchstaben in den Stein, so lange, bis ihm vor Müdigkeit die Augen zufielen und er sich entschloss am nächsten Tag fortzufahren.

In den nächsten Tagen arbeitete er sich wie ein Besessener weiter durch den Prolog und übertrug die auf den Tontafeln stehenden Worte auf die steinerne Säule. Er schrieb den Werdegang Hammurapis und seinen Weg zur Macht nieder und setzte dahinter eine Liste aller Völker und Städte über die der König herrschte, darunter Babylon, Nippur, die Städte Larsa und Maschkanschapir, die Stadt Mari und Jamschad, sowie Teile Elams und Assyriens mit den heiligen Städten der Assyrer, Ninive und Assur selbst. Ehrfürchtig fügte Dagan hinzu, dass sich das Reich Hammurapis nun vom südlichen Meere bis zum Oberlauf des Euphrat erstreckte, kurz vor dessen Quelle aus den Augen der einst von Marduk getöteten Urgöttin Tiamat. Eroberer aller vier Viertel der Welt nannte er den Herrscher und zeichnete als letzten Teil des Prologes die Dynastie des Königs nach, von deren Gründer Sumulael über des Königs Vater Sin-Muballit zu Hammurapi selbst und wiederholte dessen Auftrag Recht und Ordnung unter den Menschen herzustellen. Als letztes Wort meißelte Dagan "damals", bevor er todmüde von seinem Schemel kippte und augenblicklich im Staub des Bodens tief zu schlafen begann.

Seine Diener fanden ihn im Morgengrauen, doch anstatt sich über ihre Aufmerksamkeit und das Frühstück, welches sie alsbald brachten zu freuen, fuhr Dagan sie missmutig an, kaute lustlos und schnell auf dem Brot herum, warf die Tür mit einem Knallen zu und begab sich wieder an die Arbeit.

Er begann nun mit den eigentlichen Rechtssätzen. Insgesamt 282 Paragraphen hatten ihm die Schreiber gebracht, unterteilt in verschiedene Rechtsgebiete. In denen wurde die Besetzung des Gerichtes beschrieben und die Einteilung der Klassen Zeuge, Kläger, Beklagter und Richter vorgenommen. Ebenso wurden die Strafen für falsche Anschuldigung und falsches Zeugnis festgelegt. Dabei sollte nach talionischem Prinzip derjenige Schaden zu ersetzen sein, der tatsächlich entstanden war. Dagan las davon, dass ein bestechlicher Richter nicht nur seines Amtes verlustig ginge, sondern auch das 12-fache des Streitwertes als Strafe leisten sollte. Er spürte, wie er erneut müde wurde, aber er konnte den Blick nicht von seiner Arbeit lassen, obwohl die Buchstaben sich vor seinen Augen bereits zu bunten Mustern zu vermischen begannen.

Wie ein Betrunkener im Rausch hämmerte und klopfte er weiter. Buchstabe um Buchstabe trieb er in den schwarzen Stein. Immer seltener wurden die Pausen, die er sich gönnte, immer rastloser sein Geist und immer abweisender sein Verhalten. Seiner Diener begannen sich vor ihm und seinen Wutausbrüchen zu fürchten und selbst seine Frau wagte es kaum noch, ihren Gatten in seiner Arbeit zu unterbrechen. Dagan marterte sich selbst, um sein Werk zu vollenden. Die Finger schmerzten ihn höllisch, doch er nahm sie kaum wahr, wenn er auf seine Meisterleistung vor ihm blickte. Als er die Rechtssätze alle einzeln geschrieben, korrigiert und nochmals verschönert hatte, machte er sich an den letzten Teil der Arbeit, dem Epilog.

In diesem beschrieb er wie Hammurapi seine Gesetze verstanden sehen wollte und dass sie von nun an für jeden bis in alle Ewigkeit Geltung haben sollten. Hammurapis Gesetze? Dagan merkte wie seine Kopfschmerzen unerträglich wurden.

„Lasst den Unterdrückten, der Klage führt kommen und stehen vor diesem meinem Bild als Herr des Rechts und lasst ihn lesen, was ich niederschrieb und lasst ihn meine Worte verstehen“, las er sich selbst vor. Kamen diese Zeilen von den Schreibern des Königs oder nicht vielmehr aus seinem Geiste entsprungen? Waren diese und alles andere auf der Stele des Königs Worte oder nicht doch seine eigenen? War es nicht er selbst, der hier durch diesen Stein Recht sprach? Ja, so musste es sein. Er war Hammurapi, König von Babylon, Sohn des Marduk, nicht Dagan der Steinmetz. Der Staub um ihn herum glänzte in den Sonnenstrahlen, die in den Raum hineinfielen und den schwarzen Stein wie von innen heraus leuchten ließen. Mit vom Fieber glänzenden Augen fasste Dagan ihn an. Das hier war sein Werk, niemand sollte es wagen es zu entweihen. Immer mehr in den Wahn entgleitend, meißelte er wilde Flüche gegen jene, die seinen Gesetzen nicht Folge leisten sollten, unter den Stein. Tanzend sprang er vor Freude um den Stein herum, glitt durch die bunten Kreise die sich ihm zeigten, nahm die Demutsgesten des Hofstaates entgegen der um ihn kniete und als der Schmerz in seinem Kopf so stark wurde, dass er in einer großen Schwärze unterging, da war er der glücklichste Mensch der Welt. Was hatte er doch den Menschen an Gutem getan, er Hammurapi, der König von Babylon. Er umklammerte sein Werk für die Ewigkeit, hob es an, stellte es wieder herab für die Menschen und jauchzte der Dunkelheit entgegen

Als seine Diener am nächsten Morgen seinen schon kalten Körper fanden, stand der Stein immer noch unverrückt da. „Holt einen Priester“, sagte Dagans ältester Sohn, während seine Mutter, das Gesicht in den Händen vergraben, leise um ihren Gatten weinte, „und sendet Nachricht zum Palast: Das Werk ist vollbracht.“ Er ging näher an den Stein heran und besah ihn sich genauer,

und da stand geschrieben[3]:

Als Anu, der Erhabene, König der Anunaki und Bhaal[4], der Herr des Himmels und der Erde, der das Schicksal aller Länder bestimmt, dem Marduk, dem allmächtigen Sohn des Ea[5], dem Gott der Rechtschaffenheit, die Herrschaft über die Menschen der Erde verliehen und diesen zum Großen machten unter den

[3] Es folgt eine vollständige Übersetzung der Hammurapistele.

[4] Manchmal als Synonym des Marduk gebraucht.

[5] Babylonischer Wassergott

Igigi, da nannten sie Babylon nach ihm, machten es mächtig auf Erden und formten auf Fundamenten, so stark wie diejenigen von Himmel und Erde ein Königreich, das die Ewigkeit überdauern sollte. Dann riefen sie mich mit meinem Namen, Hammurapi, den erhabenen Fürsten, welcher die Götter achtete, um dem Land die Herrschaft des Rechts zu bringen, um diejenigen zu vernichten, die Böses tun, so dass die Starken den Schwachen kein Leid zufügten, so dass ich herrschen möge über die schwarzhaarigen Menschen, wie Schamasch, und das Land zum Wohle des Menschengeschlechts erleuchten möge. Hammurapi, der Fürst des Bhaal bin ich, der Wachstum und Wohlstand bringt, der Nippur und Durilu reicher machte als alle anderen, der erhabene Herr von Ekur[6], der Eridu erneut erhob und die Verehrung von Eapsus reinigte. Ich bin jener, der die vier Viertel der Welt eroberte, den Namen Babylons groß machte und das Herz des Marduk erfreute, seines Herrn, dem ich tägliche Ehrerbietung in Saggil erwies. Der königliche Spross des Sin[7], welcher Ur reich machte, der Bescheidene, der Ehrfürchtige, der Reichtum bringt nach Gishshirgal. Der weiße König, von Schamasch[8] erhört, der Mächtige, der den Grundstein von Sippara legte, der das Grab des Malkat ergrünen ließ, der das himmelsgleiche Ebabbar zur Größe führte. Der Krieger, der mit der Hilfe Schamaschs Larsa schützte und Ebabbar erneuerte. Der Herr, der neues Leben

[6] Babylonischer Olymp

[7] Babylonischer Mondgott

[8] Babylonischer Gott der Sonne und der Gerechtigkeit

nach Uruk brachte, der seinen Einwohnern frisches Wasser schenkte, den Kopf Eannas erhob und die Schönheit von Anu und Nana vollendete. Der Schild des Reiches, der die verstreuten Menschen von Isin einigte. Der Egalmach auf das reichlichste ausstattete. Der ewigwachende König der Stadt, der Bruder des Gottes Zamama, welcher die Höfe von Kisch erschuf, und Emete-Urach mit Ruhm bekränzte. Der die Heiligen Schätze von Nana verdoppelte und dem Tempel des Harsag-Kalama vorstand. Dem Grab seiner Feinde, dessen Hilfe den Sieg brachte. Der die Macht Cuthahs wachsen ließ und den Ruhm brachte nach Eschidlam. Der schwarze Steuermann, der die Feinde fernhielt. Der vom Gott Nebo Geliebte, der die Menschen von Borsippa erfreute. Der Erhabene, welcher unbezwingbar ist für Ezida. Der göttliche König der Stadt, der Weiße, der Weise, der die Äcker Dilbats erweiterte und Ernten Uraschs mehrte. Der Mächtige, der Herr dem Zepter und Krone, die ihn kleiden zu eigen sind. Der Auserwählte von Mama, der den Tempel von Kesch reparierte und die heiligen Feste Nintu feiern ließ, reicher als je zuvor. Der Voraussehende, der Einzigartige, der Lagasch und Girsa Speise und Trank brachte. Der, der große Opfer darbrachte dem Tempel des Ningirsu, der Fänger seiner Feinde, der Auserwählte des Orakels, welcher die Prophezeiung des Hallab erfüllte und das Herz Anunits erfreute. Der reine Fürst, dessen Gebet nicht nur von Adad[9] selbst aufgenommen wurde, sondern dessen Herz erfüllt hat. Der Krieger, der in Karkar die Gefäße der der Anbetung Eudgalgal in altem Glanz entstehen

[9] Babylonischer Regen- und Sturmgott

ließ. Der König, der die Stadt Adab schonte, der Führer Emachs. Der fürstliche König, der unbezwingbare Krieger, der dem Volk von Maschkanschabri das Leben schenkte, und dem Tempel Schidlams Reichtümer im Überfluss verschuf. Der Weiße, der Fähige, der die Räuber in ihren Höhlen aufspürte, das Volk von Malka vor Unglück bewahrte und es danach zu Wohlstand führte. Der Ea und Damgalnunna die Opfer darbrachte, der sein Königreich ewiglich zur Blüte führte. Der Fürst, der die Provinzen am Kanal Udkibnun mit der Macht Dagons beherrschte, seines Erschaffers. Der Schonung gewährte den Völkern von Mera und Tutul. Der Erhabene, der das Gesicht Ninnis zum Leuchten brachte und die heiligen Opfer Ninazus darbot. Der seine Völker schützte in deren Not, und ihnen friedlichen Raum gab in Babylon, der Hirte der Schwachen und Sklaven. Dessen Schriften Gnade finden vor den Augen Anunits, und der diesem im Tempel in Dumasch in der Umgebung von Agade huldigte. Der das Richtige erkennt und herrscht durch das Recht. Der Assur seinen Schutzgott zurückbrachte und den Namen der Ischtar von Ninive weiter erstrahlen ließ in Emischmisch. Der Erhabene, der sich in Demut zeigte vor den Göttern, der Nachfolger des Sumulail, der mächtige Sohn des Sin-Muballit, der königliche Spross der Ewigkeit, der mächtigste der Monarchen, die Sonne Babylons, deren Strahlen alle Länder Sumer und Akkads erleuchten, der König dem sich alle vier Viertel der Welt beugen, geliebt von Ninni, der bin ich.

Als Marduk mich sandte um über die Menschen zu herrschen und um dem Land den Schutz des Rechts zu bringen, tat ich wie mir geheißen und brachte Gerechtigkeit (die Wohlfahrt) den Unterdrückten. So erließ ich damals folgende Gesetze:

§ 1 Wer einen anderen verführt, und einen Bann über ihn ausspricht, und derjenige dieses nicht beweisen kann, so soll er, der Verführte, des Todes sein.

§ 2 Wenn jemand einen Mann verklagt, so soll der Beklagte zum Fluss gehen und in diesen hineinspringen und wenn er versinkt, so soll dem Kläger das Haus des Beklagten anheimfallen. Aber wenn der Fluss zeigt, dass der Beklagte nicht schuldig ist und er diesem unbeschadet entsteigt, so soll der Beklagte das Haus des Klägers zu Eigen erhalten und der Kläger soll des Todes sein.

§ 3 Wenn jemand eine Anklage vor die Ältesten bringt und diese nicht beweist, so soll er, wenn die Strafe der Tod gewesen wäre, des Todes sein.

§ 4 Wenn eine Strafe eine Summe Geldes oder Getreide ist, so soll der Kläger diese erhalten.

§ 5 Ein Richter soll einen Fall hören, ein Urteil fällen und dieses sodann niederschreiben. Wenn sein Urteil durch sein eigenes Fehl falsch ist, soll er zwölfmal die Strafe zahlen, die er festgesetzt hat. Er soll öffentlich der Richterbank enthoben werden und soll nie wieder sitzen und Recht sprechen.

§ 6 Jemand, der das Eigentum eines Tempels oder des Palastes stiehlt, soll des Todes sein. Jemand, der eine solche Sache von diesem erhält, soll ebenso des Todes sein.

§ 7 Wer vom Sklaven oder Sohn eines anderen Mannes ohne Zeugnis oder Vertrag Gold oder Silber, einen männlichen oder weiblichen Sklaven, einen Ochsen oder ein Schaf, einen Esel oder sonstiges kauft oder übernimmt, soll als ein Dieb gelten und des Todes sein.

§ 8 Wer Vieh oder Schafe, oder einen Esel, ein Schwein oder eine Ziege stiehlt, welche einem Gott oder dem Palast gehören, so soll der Dieb das Dreißigfache ihres Wertes zahlen. Wenn die Sache einem freigelassenen Mann des Königs gehört, das Zehnfache. So der Dieb nichts hat um seine Schuld zu begleichen, soll er des Todes sein.

§ 9 Wenn jemand eine Sache verliert und sie in Händen eines anderen wiederfindet, und dieser sagt: „Ein Kaufmann verkaufte es mir, ich zahlte vor Zeugen dafür“, und der Eigentümer entgegnet: „Ich werden Zeugen benennen die meine Habe erkennen werden.“, dann soll der Käufer den Kaufmann bringen und die Zeugen des Kaufes, und der Eigentümer die Zeugen, die seine Habe erkennen. Der Richter soll die Zeugen hören unter Eid und wenn sie schwören, so soll der Kaufmann als Dieb des Todes sein. Der Eigentümer soll seine Habe zurückerhalten und der Käufer aus dem Vermögen des Kaufmannes das Geld, welches er diesem gezahlt hat.

§ 10 Wenn der Käufer den Kaufmann und die Zeugen des Kaufes nicht herbeibringen kann, der Eigentümer aber die Zeugen seines Eigentums, so soll der Käufer als Dieb des Todes sein. Der Eigentümer soll seine Habe zurückerhalten.

§ 11 Wenn der Eigentümer keine Zeugen seines Eigentums herbeibringen kann, so ist er ein Böser, der verleumdet hat, und soll des Todes sein.

§ 12 Wenn die Zeugen nicht verfügbar sind, soll der Richter eine Frist setzen, sechs Monate lang. Wenn die Zeugen bis zum Ablauf der Frist nicht erschienen sind, ist er ein Böser und soll die Strafe des Falles ertragen.

§ 13 (unleserlich)

§ 14 Wer den jüngeren der Söhne eines anderen stiehlt, soll des Todes sein.

§ 15 Wer einen Sklaven oder eine Sklavin des Palastes oder eines freigelassenen Mannes jenseits der Stadttore bringt, soll des Todes sein.

§ 16 Wenn in einem Haus ein entlaufener Sklave oder eine Sklavin des Palastes oder eines freigelassenen Mannes ist, und dieser nicht öffentlich vom Herrn des Hauses hinausgebracht wird, so soll der Herr des Hauses des Todes sein.

§ 17 Wer auf dem Land einen entlaufenen Sklaven fängt und ihn seinem Herrn zurückbringt, soll von diesem zehn Schekel in Silber erhalten.

§ 18 Falls der Sklave den Namen seines Herrn nicht preisgibt, so soll der Finder ihn zum Palast bringen. Eine Untersuchung soll folgen und der Sklave seinem Herrn zurückgegeben werden.

§ 19 Wenn der Finder die Sklaven in seinem Haus versteckt und sie dort gefunden werden, soll er des Todes sein.

§ 20 Wenn die Sklaven dem Finder davonlaufen, so soll er dies deren Herrn schwören und danach ohne Tadel sein.

§ 21 Wenn jemand ein Loch in ein Haus bricht um dort zu stehlen, so soll er des Todes sein. Er soll vor dem Loch getötet und begraben werden.

§ 22 Wer raubt und gefasst wird, soll des Todes sein.

§ 23 Wenn der Räuber nicht gefasst wird, soll der Beraubte unter Eid schwören ob der Summe seines Verlustes. Dann soll die Gemeinschaft, auf deren Land und Gebiet die Tat geschah den Schaden zu Ersatz bringen.

§ 24 Wenn Menschen geraubt werden, so soll die Gemeinschaft eine Mine Silber an deren Sippe zahlen.

§ 25 Wenn ein Haus in Flammen steht und einer, der kam diese zu löschen, sich am Gut des Herrn des Haus vergeht, so soll er in dieselben Flammen geworfen werden.

§ 26 Wenn ein Offizier oder Soldat des Königs, dessen Aufruf zum Kriege nicht befolgt, sondern an seiner statt einen anderen für Lohn gehen lässt, und er diesen um seinen Lohn bringt, so soll er des Todes sein. Der der an seiner statt ging soll dessen Haus zu eigen erhalten.

§ 27 Wenn ein Offizier oder Soldat in der Schlacht gefangen wird und seine Felder und Gärten einem anderen gegeben werden, der Soldat aber dennoch zurückkehrt, so sollen ihm seine Felder und Gärten zurückgegeben werden.

§ 28 Wenn ein Offizier oder Soldat in der Schlacht gefangen wird und sein Sohn alt genug ist, so soll er Felder und Gärten an seiner statt erhalten und er soll das Lösegeld für seinen Vater zahlen.

§ 29 Wenn der Sohn noch jung ist und Felder und Gärten nicht erhalten kann, so soll ein Drittel von diesen seiner Mutter gegeben werden, und sie soll ihn aufziehen.

§ 30 Wenn ein Mann Haus, Garten und Feld verlässt und einem anderen zur Pacht überlässt, und erst nach mehr als drei Jahren zurückkehrt um sie zurückzufordern, so soll er sie nicht zurückerhalten sondern derjenige, der sie nutzte soll sie weiterhin nutzen.

§ 31 Wenn er Haus, Gärten und Feld für ein Jahr zur Pacht gegeben hat und zurückkehrt, so sollen sie ihm zurückgegeben werden.

§ 32 Wenn ein Mann im Kriege gefangen wird und ein Kaufmann ihn freikauft und ihn zurück zu seinem Hause bringt soll er diesem, so er kann, den Preis erstatten. Wenn er zu arm ist, so soll der Tempel seiner Gemeinschaft den Preis zahlen.

Wenn auch dieser zu arm ist, so soll der Palast den Preis zahlen. Sein Haus, Gärten und Feld sollen nicht verkauft werden für den Preis der Freiheit.

§ 33 Wenn ein Mann den Kriegsdienst nicht leistet und an seiner statt einen Söldner schickt, diesen aber zurückholt, so soll er des Todes sein.

§ 34 Wer das Eigentum eines Hauptmannes beschädigt, einen Hauptmann verwundet oder ihm ein Geschenk stiehlt, das dieser vom König erhalten hat, soll des Todes sein.

§ 35 Wer Vieh oder Schafe kauft, die der König genommen und Offizieren gegeben hat, soll seines Geldes verlustig gehen.

§ 36 Das Feld, Haus oder der Garten eines Offiziers, Mannes oder Untertanen, welches frei von Pacht[10] ist, kann nicht verkauft werden.

§ 37 Wer das pachtfreie Haus, Feld oder Garten eines Offiziers, Mannes oder Untertanen kauft, dessen Vertrag soll zerschlagen werden und ungültig sein. Er soll sein Geld verlieren. Das Haus soll seinem Eigentümer zurückgegeben werden.

§ 38 Ein Offizier, Mann oder Untertan der pachtfrei ist, kann seinen Besitz an Feld, Haus und Garten nicht an seine Frau noch an seine Tochter übertragen, noch kann er es für eine Schuld verpfänden.

---

[10] Unter Umständen kann auch frei von Steuern oder Abgaben gemeint sein.

§ 39 Er kann aber solches Haus, das er gekauft hat und welches ihm so zu eigen ist, an Frau oder Tochter geben oder für eine Schuld verpfänden.

§ 40 Er kann Haus, Feld und Garten an einen Kaufmann oder anderen Beamten verkaufen. Der Käufer hält fortan Nießbrauch daran.

§ 41 Wenn jemand das Feld eines Mannes, der pachtfrei ist, mit Pfählen einzäunt und dieser zurückkommt, so werden die Pfähle zu seinem Eigentum.

§ 42 Wer ein Feld übernimmt um es zu bestellen, aber nichts erntet, dem muss bewiesen werden, dass er keine Arbeit tat auf dem Feld und er soll Getreide, so hoch wie das des Nachbarn an den Eigentümer geben.

§ 43 Wenn er das Feld nicht bestellt hat, sondern brach liegen ließ, so soll er dem Eigentümer so viel Getreide geben, wie das Feld des Nachbarn trug und das brache Feld pflügen und säen und an den Eigentümer zurückgeben.

§ 44 Wer ein brach liegendes Feld pachtet um es nutzbar zu machen, aber faul ist und es nicht nutzbar macht, so soll er das brach liegende Feld im vierten Jahre pflügen, eggen und nochmal pflügen und dann seinem Eigentümer zurückgeben. Er soll diesem für alle zehn Gan (Flächenmaß) zehn Pfund Getreide bezahlen.

§ 45 Wenn ein Mann sein Feld für eine feste Summe zur Bestellung verpachtet und diese erhält, aber schlechtes Wetter die Ernte zerstört, so soll der Pächter den Schaden tragen.

§ 46 Wenn die Pacht keine feste ist, sondern die Hälfte oder ein Drittel der Früchte, so sollen diese zwischen Eigentümer und Besteller danach aufgeteilt werden.

§ 47 Wenn der Pächter, weil er nicht erfolgreich war im ersten Jahr, das Feld von jemand anderem bestellen lässt, so muss ihn der Eigentümer gewähren lassen. Das Feld wurde bestellt und er erhält seinen vereinbarten Anteil der Früchte.

§ 48 Wer einem anderen gegenüber eine Schuld hat und ein Sturm zerstört die Früchte, oder die Ernte ist schlecht, oder die Feldfrüchte wachsen nicht, weil Wasser fehlt, so muss er in diesem Jahr seinem Gläubiger die Früchte nicht geben. Er wasche seine Tafel in Wasser und soll nichts zahlen in diesem Jahr.

§ 49 Wenn ein Mann Geld leiht von einem Kaufmann und diesem dafür ein Feld überlässt, welches man bestellen kann mit Getreide oder Sesam, und diesen anweist, das Feld mit Getreide oder Sesam zu bestellen, dann sollen zur Ernte Getreide und Sesam dem Eigentümer des Feldes gehören und dieser soll damit bezahlen seine Schulden bei dem Kaufmann.

§ 50 Wenn er ein bestelltes Getreidefeld oder ein bestelltes Sesamfeld gibt, so soll das Getreide oder der Sesam dem Eigentümer des Feldes gehören und er soll dessen Erlös dem Kaufmann als Mietzins zurückgeben.

§ 51 Wenn er kein Geld hat, so soll er den Mietzins in Getreide oder Sesam zurückzahlen anstelle des Geldes, welches er von dem Kaufmann zur Leihe erhalten hat. Der Preis bestimme sich nach den königlichen Vorgaben.

§ 52 Wenn der Besteller auf dem Felde weder Getreide noch Sesam pflanzt, so soll dem Gläubiger daraus kein Schaden entstehen.

§ 53 Wer aus Trägheit seinen Damm nicht instand hält und dieser bricht, und die Felder überschwemmt, der soll für Geld verkauft werden und das Geld soll ersetzen das Getreide, welches durch seine Schuld vernichtet worden ist.

§ 54 Wenn dieser nicht in der Lage ist das Korn zu ersetzen, dann solle er und seine Besitztümer geteilt werden unter den Bauern, deren Getreide durch die Flut zu Schaden gekommen ist.

§ 55 Wenn jemand seine Gräben öffnet um sein Getreide zu wässern, dabei aber unvorsichtig ist und das Wasser überflutet das Feld seines Nachbarn, dann soll er dem Nachbarn sein Korn bezahlen.

§ 56 Wenn eines Mannes Wasser die Plantage seines Nachbarn überflutet, dann soll er diesen zehn Gur Getreide für alle zehn Gan Land bezahlen.

§ 57 Wenn ein Schäfer ohne die Erlaubnis des Eigentümers eines Feldes und ohne das Wissen des Eigentümers der Schafe, die Schafe auf eine Weide zum Grasen führt, dann soll der

Eigentümer des Feldes die verbliebenen Feldfrüchte ernten und der Schäfer, der seine Herde auf das Feld geführt hat ohne Erlaubnis des Eigentümers, soll diesem zwanzig Gur Getreide für alle zehn Gan Land bezahlen.

§ 58 Wenn, nachdem die Herden die Weiden verlassen haben, und in die öffentlichen Ställe am Stadttore gebracht wurden, ein Schäfer sie auf ein Feld treibt und dort grasen lässt, so soll dieser Schäfer das Feld zu Eigentum nehmen auf welchem er die Schafe grasen ließ und zur Ernte soll er 60 Gur Getreide für alle zehn 10 Land bezahlen.

§ 59 Wer ohne Erlaubnis des Eigentümers eines Gartens in diesem Garten einen Baum fällt, soll eine halbe Mine im Geld bezahlen.

§ 60 Wer ein Feld an einem Gärtner gibt, damit dieser es bepflanzt als einen Garten und in ihm arbeitet und dieser für vier Jahre darin arbeitet, so sollen im fünften Jahr der Eigentümer und der Gärtner den Garten teilen. Der Eigentümer soll seinen Teil der Kosten tragen.

§ 61 Wenn der Gärtner nicht den ganzen Garten bepflanzt hat, sondern einen Teil ungenutzt liegen ließ, so soll dieser Teil ihm zu Eigentum werden.

§ 62 Wenn der Gärtner das Feld, das ihm gegeben wurde nicht bepflanzt, so soll er, wenn das Land fruchtbar war, dem Eigentümer die Früchte des Feldes für die Jahre, die er es hat brach liegen lassen bezahlen, in Höhe der Ernte auf den

Feldern des Nachbarn. Er soll das Feld sodann in fruchtbarem Zustand an den Eigentümer zurückgeben.

§ 63 Wenn der Gärtner unfruchtbares Land fruchtbar gemacht hat und es dem Eigentümer zurückgibt, soll dieser ihm für ein Jahr zehn Gur für zehn Gan bezahlen.

§ 64 Wer seinen Garten einem anderen zur Pacht gibt, der soll von dem Gärtner zwei Drittel der Ernte erhalten für die Zeit, in der der Gärtner den Garten in seinem Besitze hat. Das letzte Drittel soll der Gärtner behalten.

§ 65 Wenn der Gärtner in dem Garten nicht arbeitet und die Früchte verfaulen, so soll der Gärtner im Verhältnis zur Ernte der Nachbargärten an den Eigentümer bezahlen.

§§ 66-99 sind im Laufe der Jahrtausende unleserlich geworden.

§ 100 Wer Geld leiht, soll den Verleiher eine Quittung geben mit der Summe, die er bekommen hat und dem Zins für das Geld und an dem vereinbarten Tage soll er das Geld dem Verleiher zurückzahlen.

§ 101 Wer keinen Kaufmann vorfindet an dem Platz, zu dem er ging, so soll er die volle Summe des Geldes, welches er erhielt den Wechslern lassen, damit diese es dem Verleiher zurückgeben.

§ 102 Wenn ein Kaufmann einem Agenten für eine Investition Geld anvertraut, und dieser erleidet dort wo er hingeht einen

Verlust, so soll er diesen Verlust des Kapitals dem Kaufmann gutmachen.

§ 103 Wenn ihn auf einer Reise ein Feind überfällt und seine Habe zur Gänze nimmt, dann soll der Agent dieses bei Gott schwören und frei sein von jeder Schuld.

§ 104 Wenn ein Agent für einen Kaufmann Getreide, Wolle, Öl oder irgendein anderes Gut transportiert, so soll er dem Kaufmann für die Menge und Art des Gutes eine Quittung ausstellen und diesem die Kosten der Waren erstatten. Dazu soll ihm der Kaufmann diese Summe Geldes quittieren.

§ 105 Falls der Agent keine Quittung für das Geld verlangt, so soll es nicht mehr das seine sein.

§ 106 Wenn der Agent Geld des Kaufmannes nimmt, es dann aber zum Streit zwischen den beiden kommt und der Agent die Quittung zurückweist, dann soll der Kaufmann vor Gott und Zeugen schwören, dass er dem Agenten das Geld gab und dieser soll ihm die dreifache Summe zahlen.

§ 107 Wenn der Kaufmann den Agenten betrügt als dass er, obwohl der Agent ihm alle Waren zurückgegeben hat, die Quittung verweigert, dann soll der Agent den Kaufmann vor Gott und den Richtern verklagen und wenn dieser weiter die Quittung verweigert, dann soll er dem Agenten die sechsfache Summe des Streitwertes zahlen.

§ 108 Wenn eine Gastwirtin Getreide als Bezahlung für einen Trunk zurückweist und stattdessen Geld verlangt, und der Preis des Getränkes ist weniger als derjenige des Getreides in Gewicht, so soll sie verurteilt und ertränkt werden.

§ 109 Wenn im Haus eines Wirtes Verschwörer sich versammeln und diese entkommen, so soll der Wirt an ihrer statt des Todes sein.

§ 110 Wenn eine Schwester Gottes[11] eine Taverne eröffnet oder eine solche betritt um dort zu trinken, so soll sie verbrannt werden.

§ 111 Wenn eine Gastwirtin fünfzig Ka Usakani-Saft einem Bauern gibt, so soll sie zur Ernte fünfzig Ka Getreide von diesem erhalten.

§ 112 Wenn jemand auf Reisen geht und sein Gold, Silber, Edelsteine oder anderes bewegliches Gut jemanden anders anvertraut und es von diesem nach seiner Rückkehr zurückverlangt und der, dem es anvertraut war es nicht zurückgibt und es selbst nutzt, dann soll letzterer verurteilt werden und dem anderen das Fünffache des Wertes der gesamten anvertrauten Güter zahlen.

§ 113 Wenn jemand Prokura für einen Kornspeicher oder eine Schatzkammer hat, und daraus ohne Wissen des Eigentümers etwas entnimmt, so soll er verurteilt werden und was er entnahm zurückzahlen und seines Lohnes verlustig gehen.

---

[11] Eine Priesterin

§ 114 Wenn jemand gegen einen anderen Ansprüche stellt, die nicht bestehen und versucht sie mit Gewalt durchzusetzen, dann soll er dem anderen eine Drittel Mine Silber zahlen.

§ 115 Wenn jemand gegen einen anderen einen Anspruch auf Geld oder Getreide hat und diesen ins Gefängnis werfen lässt und dieser dort eines natürlichen Todes stirbt, so soll der Fall als beendet angesehen werden.

§ 116 Wenn der Gefangene im Gefängnis durch Schläge oder Schlechtbehandlung stirbt, so soll der Herr des Gefangenen den Kaufmann vor den Richter bringen. Falls der Gefangene ein freier Mann war, so soll der Sohn des Kaufmannes getötet werden. Falls der Gefangene Sklave war, so soll er eine Drittel Mine Goldes geben. Allem was ihm der Herr des Gefangenen gab, soll der Kaufmann verlustig gehen.

§ 117 Wenn jemand eine Schuld nicht zahlen kann und sich selbst oder seine Frau, seinen Sohn oder seine Tochter verkauft oder zur Arbeit weggibt, so sollen diese drei Jahre lang im Hause des Käufers arbeiten. Im vierten Jahre sollen sie frei sein.

§ 118 Wenn jemand einen Sklaven oder eine Sklavin zur Zwangsarbeit weggibt, und der Käufer diese verkauft oder weiterverleiht, so kann dieser keinen Einspruch erheben.

§ 119 Wenn jemand eine Sklavin, die ihm Kinder geboren hat für Geld verkauft, so soll das Geld, welches der Käufer gezahlt hat, ihm (dem Käufer) vom ursprünglichen Besitzer zurückgegeben werden und die Frau soll frei werden.

§ 120 Wenn jemand bei einem anderen in dessen Haus Getreide zur sicheren Verwahrung verwahrt und ein Schaden an dem Korn entsteht oder der Hausbesitzer etwas von dem Korn nimmt oder leugnet, dass das Korn in seinem Hause sei, so soll der Besitzer des Kornes vor Gott schwören und der Verwahrer soll dem Besitzer des Korns all das ersetzen, was er genommen hat.

§ 121 Wer Korn im Hause eines anderen lagert, soll diesem ein Pfund Getreide für jede fünf Scheffel pro Jahr, die er lagert bezahlen.

§ 122 Wer Gold, Silber oder sonstiges von Wert in Aufbewahrung gibt, soll alles einem Zeugen zeigen, einen Vertrag erstellen und es dann dem Verwahrer zur sicheren Aufbewahrung übergeben.

§ 123 Wer etwas ohne Zeugen oder Vertrag übergibt und der Verwahrer leugnet es erhalten zu haben, so hat der Überlasser keinen Anspruch auf Rückgabe.

§ 124 Wenn jemand Gold, Silber oder sonstiges in Verwahrung gibt und einen Zeugen benennt und der Verwahrer leugnet die Sache erhalten zu haben, so soll er zu Gericht gebracht werden und den Wert der Sache in voller Höhe ersetzen.

§ 125 Wenn in das Haus eines Verwahrers durch Räuber oder Diebe eingedrungen wird und Verwahrtes gestohlen, so soll der Verwahrer dem Besitzer des Verwahrten dessen Schaden ersetzen. Der Verwahrer soll ebenso versuchen die Diebe zu verfolgen und zu fassen und ihnen die gestohlenen Güter zu entreißen.

§ 126 Wenn jemand einen Verlust an Gütern meldete, welche er in Wirklichkeit nicht verloren hat und er diese zurückverlangt, so soll er vor Gott schwören, dass er die Wahrheit sagt und dann seine Güter erhalten.

§ 127 Wer eine Schwester Gottes oder die Frau eines anderen verleumdet und seine Behauptungen nicht beweisen kann, soll vor den Richter gebracht und seine Braue gespalten werden.

§ 128 Wer eine Frau zur Ehefrau nimmt und sich nicht mit ihr vereinigt, dem ist sie keine Ehefrau.

§ 129 Wenn eine Frau beim Ehebruch mit einem anderen Mann ertappt wird, so sollen sie und der Mann gebunden werden und ins Wasser geworfen. Der Ehemann kann seine Frau begnadigen, der König den Mann, wenn dieser sein Sklave ist.

§ 130 Wer einer Frau, die einem anderen Manne versprochen ist und noch im Haus ihres Vaters lebt Gewalt antut und ihr beiwohnt und dabei ertappt wird, soll des Todes sein. Die Frau ist frei von Schuld.

§ 131 Wenn jemand die Frau eines anderen des Ehebruches beschuldigt, sie aber nicht ertappt wurde, so soll sie einen Eid schwören, dass sie unschuldig sei und darf dann nach Hause gehen.

§ 132 Wenn eine Frau verleumdet wird die Ehe gebrochen zu haben, sie aber nicht gefasst wurde als sie mit einem anderen schlief, so soll sie für ihren Ehemann in den Fluss springen.

§ 133 Wenn ein Mann in Kriegsgefangenschaft gerät und in seinem Haus genug Unterhalt besteht, seine Frau aber sein Haus und Hof verlässt um zu einem anderen zu gehen, so soll sie, da sie Haus und Hof im Stich ließ, verurteilt werden und ins Wasser geworfen werden.

§ 134 Wenn ein Mann in Kriegsgefangenschaft gerät und in seinem Haus kein Unterhalt besteht und seine Frau in das Haus eines anderen geht, so ist sie frei von Schuld.

§ 135 Wenn ein Mann in Kriegsgefangenschaft gerät und in seinem Haus kein Unterhalt besteht, und seine Frau das Haus verlässt und in ein anderes geht und Kindern gebiert und der Mann dann zurückkehrt, so soll seine Frau zu ihm zurückgehen. Die Kinder aber sollen bei ihrem Vater bleiben.

§ 136 Wer sein Haus verlässt und davon rennt und seine Frau in das Haus eines anderen geht, und der Mann zurückkehrt und seine Frau zurückverlangt, so soll die Frau, weil er geflohen ist, nicht zu ihm zurückgehen.

§ 137 Wenn ein Mann sich von seiner Ehefrau oder einer Frau die ihm Kinder geboren haben scheiden lassen will, so gebe er ihr ihre Aussteuer und einen Teil des Nießbrauches von Feld, Garten und sonstigem Eigentum, so dass sie ihre Kinder aufziehen kann. Wenn sie ihre Kinder aufgezogen hat, soll ein Teil all dessen den Kindern gegeben werden und ein Teil, so groß wie einer, der einem Sohn zustehen würde, soll an sie gehen. Sie soll dann den Mann ihres Herzens heiraten dürfen.

§ 138 Wenn ein Mann sich von seiner Ehefrau, die ihm keine Kinder geboren hat, scheiden lassen will, so soll er ihr das Geld ihres Kaufes und ihre Aussteuer aus dem Haus ihres Vaters geben und sie ziehen lassen.

§ 139 Falls es keinen Kaufpreis gab, soll er ihr ein Drittel einer Mine Goldes geben.

§ 140 Wenn der Mann ein befreiter Sklave war, soll er ihr ein Drittel einer Mine Goldes geben.

§ 141 Wenn eines Mannes Ehefrau, die in seinem Hause lebt, ihn verlassen will, sich in Schulden stürzt, versucht ihr Haus zu ruinieren und ihren Mann verleugnet und dafür verurteilt wird, kann ihr Mann ihr eine Entlassung aus der Ehe gewähren. Wenn der Mann ihr die Entlassung nicht gewährt und eine neue Frau nimmt, so soll die alte als Dienerin im Haus des Mannes bleiben.

§ 142 Wenn eine Frau mit ihrem Mann streitet und sagt: „Du passt nicht zu mir!“, so soll sie die Gründe dafür vorbringen. Wenn sie ohne Schuld ist und kein Fehler bei ihr zu finden ist, aber der Mann sie verlässt und verleugnet, so bleibt keine Schuld an der Frau. Sie soll ihre Aussteuer nehmen und ins Haus ihres Vaters zurückkehren.

§ 143 Wenn die Frau nicht unschuldig ist, aber ihren Mann verlässt und ihr Haus ruiniert und ihren Mann verleugnet, so soll sie ins Wasser geworfen werden.

§ 144 Wenn ein Mann eine Frau heiratet und diese schenkt ihm eine Dienerin und die Dienerin gebiert dem Mann Kinder und der Mann dann eine zweite Ehefrau nehmen will, so sei ihm dies verboten. Er soll keine zweite Frau nehmen.

§ 145 Wenn ein Mann heiratet und seine Frau gebiert ihm keine Kinder und er daraufhin eine zweite Frau nehmen will und diese in sein Haus bringt, so soll die zweite der ersten Frau nicht gleichgestellt sein.

§ 146 Wenn ein Mann eine Frau heiratet und diese schenkt ihm eine Dienerin und die Dienerin gebiert dem Mann Kinder und sie hält sich daraufhin für gleich mit der Ehefrau, so soll ihr Herr sie nicht für Geld verkaufen, sondern er darf sie als Sklavin behalten, und er soll sie erkennen zwischen den Dienerinnen.

§ 147 Wenn die Dienerin keine Kinder geboren hat, so darf ihre Herrin sie für Geld verkaufen.

§ 148 Wenn ein Mann eine Frau heiratet und diese von Krankheit ergriffen wird und der Mann dann eine zweite Ehefrau nehmen will, so soll er seine erste Frau nicht verstoßen, sondern sie soll in seinem Haus leben und er soll sie unterstützen so lange sie lebt.

§ 149 Wenn die Ehefrau nicht im Haus ihres Mannes bleiben will, so soll der Mann ihr ihre Aussteuer aus dem Haus ihres Vaters ersetzen und sie ziehen lassen.

§ 150 Wenn ein Mann seiner Frau ein Feld, Garten und Haus vertraglich übergibt und nach dem Tode des Vaters die Söhne keine Ansprüche stellen, so kann die Mutter alles demjenigen ihrer Söhne vermachen, den sie am liebsten hat und nichts ihren anderen Söhnen hinterlassen.

§ 151 Wenn eine Frau, die im Haus eines Mannes lebt, mit ihrem Ehemann ein Abkommen geschlossen hat, so dass ein Gläubiger sie nicht in Arrest nehmen kann und dies vertraglich festgehalten hat, so kann, wenn der Mann eine Schuld hatte bevor er die Frau heiratete, der Gläubiger die Frau nicht als Leistung nehmen. Wenn aber die Frau, bevor sie ins Haus des Mannes zog eine Schuld hatte, so kann der Gläubiger nicht den Mann anstatt der Leistung nehmen.

§ 152 Wenn Mann und Frau nach Einzug der Frau eine Schuld eingehen, so müssen sie beide zahlen.

§ 153 Wenn eine Frau angestiftet von einem Mann, ihren Ehemann und die Ehefrau des anderen Mannes ermordet (um daraufhin den anderen Mann zu heiraten), so sollen beide gepfählt werden.

§ 154 Wenn ein Mann des Inzestes mit seiner Tochter schuldig ist, so soll er aus dem Lande vertrieben werden.

§ 155 Wenn ein Mann ein Mädchen seinem Sohn zuführt und der Sohn dem Mädchen beiwohnt, der Vater aber sie danach schändet und dabei ertappt wird, so soll er gebunden werden und im Wasser ertränkt.

§ 156 Wenn ein Mann ein Mädchen seinem Sohn zuführt und dieser ihr nicht beiwohnte und der Vater sie dann schändet, so soll er ihr eine halbe Mine Goldes zahlen für alles was sie aus ihres Vaters Haus mitgebracht hat. Sie kann danach gehen und den Mann ihres Herzens heiraten.

§ 157 Wenn jemand mit seiner Mutter den Inzest vollzieht, sollen beide verbrannt werden.

§ 158 Wenn ein Sohn mit der Hauptfrau seines Vaters beim Geschlechtsverkehr ertappt wird, welche dem Vater Kinder geboren hat (und nicht seine Mutter ist), so soll der Sohn aus dem Haus des Vaters vertrieben werden.

§ 159 Wenn jemand bewegliche Güter ins Haus seines Schwiegervaters gebracht hat und diesem den Brautpreis gezahlt hat und dann nach einer anderen Frau sucht und zu dem Schwiegervater sagt: „Ich will deine Tochter nicht!“, so soll der Schwiegervater alles behalten, was der Schwiegersohn in sein Haus brachte.

§ 160 Wenn jemand bewegliche Güter ins Haus seines Schwiegervaters gebracht hat und diesem den Brautpreis gezahlt hat und dieser dann sagt: „Ich will dir meine Tochter nicht geben!“, so soll der Schwiegersohn alles zurückerhalten.

§ 161 Wenn jemand bewegliche Güter ins Haus seines Schwiegervaters gebracht hat und diesem den Brautpreis gezahlt hat und ein Freund ihn dann verleumdet, so dass der Schwiegervater sagt: „Du sollst meine Tochter nicht heiraten!“, so soll er alle seine Güter zurückerhalten. Die Tochter soll nicht an den Freund verheiratet werden.

§ 162 Wenn ein Mann heiratet und seine Frau ihm Söhne gebiert und die Frau stirbt, so soll ihr Vater kein Anrecht auf die Aussteuer haben. Diese steht den Söhnen zu.

§ 163 Wenn ein Mann heiratet und seine Frau ihm keine Söhne gebiert und die Frau stirbt und der Brautpreis ihm zurückerstattet wird, so soll der Mann kein Anrecht auf die Aussteuer haben, diese gehört dem Vater der Frau.

§ 164 Wenn der Schwiegervater den Brautpreis nicht erstattet, so kann der Mann diesen von der Aussteuer abziehen und einbehalten.

§ 165 Wenn ein Mann seinem Lieblingssohn Feld, Garten und Haus vertraglich übergibt und der Vater später stirbt und die Söhne das Erbe aufteilen, so sollen sie zuerst dem Lieblingssohn das Geschenk seines Vater geben und er soll es annehmen. Den Rest des väterlichen Erbes sollen sie teilen.

§ 166 Wenn ein Mann für seinen älteren Sohn eine Frau nimmt, für seinen jüngeren aber nicht und der Vater stirbt und die Söhne das Erbe teilen, so sollen sie für den jüngeren Bruder zunächst das Brautgeld beiseitelegen und ihm eine Frau finden. Danach sollen sie teilen.

§ 167 Wenn ein Mann heiratet und seine Frau ihm Söhne gebiert und die Frau stirbt und der Mann erneut heiratet und die neue Frau ihm auch Kinder gebiert und der Vater dann stirbt, so sollen die Söhne die Aussteuern ihrer jeweiligen Mütter verteilen und das Erbe des Vaters gleichmäßig unter allen Söhnen.

§ 168 Wenn ein Mann seinen Sohn des Hauses verweisen will und dies vor einem Richter erklärt, so soll der Richter die Gründe untersuchen. Wenn dem Sohn keine Schuld nachgewiesen werden kann, für die er rechtmäßig des Hauses verwiesen werden könnte, so soll der Vater ihn nicht des Hauses verweisen.

§ 169 Wenn der Sohn schuldig ist eines Tatbestandes, nach dem ihm rechtmäßig die Verwandtschaft zu seinem Vater abgesprochen werden könnte, so soll der Vater ihm beim ersten Male verzeihen. Wenn er ein zweites Mal schuldig wird, kann der Vater ihn als Sohn verstoßen.

§ 170 Wenn eine Ehefrau ihrem Mann Söhne gebiert und die Magd dem Mann auch Söhne gebiert und der Mann auch diese Söhne nennt und stirbt, sollen die Söhne der Ehefrau und der Magd gemeinsam die väterliche Habe teilen. Der Sohn der Ehefrau soll teilen und hat die erste Wahl des Anteils.

§ 171 Wenn der Vater aber, während er lebte, zu den Söhnen der Magd nicht „meine Söhne“ sagte und dann stirbt, dann sollen die Söhne der Magd nicht mit den Söhnen der Ehefrau teilen, allerdings sollen die Magd und ihre Söhne die Freiheit erhalten. Die Söhne der Ehefrau sollen kein Recht haben die Söhne der Magd zu versklaven. Die Ehefrau soll ihre Aussteuer nehmen, sowie die Geschenke ihres Mannes an sie und sie soll im Haus ihres Mannes wohnen so lange sie lebt. Das Haus soll so lange nicht verkauft werden. Was immer sie hinterlässt, soll ihren Kindern gehören.

§ 172 Wenn ihr Mann ihr kein Geschenk gemacht hat, so soll sie dafür kompensiert werden und soll einen Teil des Gutes ihres Mannes erhalten, gleich dem Teil eines Kindes. Wenn ihre Söhne sie aus dem Haus zwingen wollen, so soll ein Richter die Angelegenheit untersuchen und wenn die Söhne im Unrecht sind, soll die Frau im Haus bleiben. Wenn die Frau das Haus verlassen will, muss sie ihren Söhnen das Geschenk ihres Mannes lassen, aber sie darf ihre Aussteuer mit sich nehmen. Danach kann sie den Mann ihres Herzens heiraten.

§ 173 Wenn diese Frau ihrem zweiten Ehemann Söhne gebiert und dann stirbt, so sollen die Söhne aus erster und zweiter Ehe die Aussteuer zwischen sich aufteilen.

§ 174 Wenn diese Frau mit ihrem zweiten Mann keine Söhne hat, so sollen die Söhne aus erster Ehe die Aussteuer haben.

§ 175 Wenn ein Staatssklave oder der Sklave eines freigelassenen Mannes die Tochter eines freien Mannes heiratet und in dieser Ehe Kinder geboren werden, so soll der Herr des Sklaven kein Recht haben die Kinder der Freien zu versklaven.

§ 176 Wenn allerdings ein Staatssklave oder der Sklave eines freigelassenen Mannes die Tochter eines Mannes heiratet und sie eine Aussteuer aus dem Haus ihres Vaters mitbringt und beide diese genießen und einen Haushalt gründen und gemeinsames Vermögen aufbauen und der Sklave dann stirbt, dann soll sie ihre Aussteuer nehmen und alles, was die beiden gemeinsam verdient haben und diese in zwei Teile teilen. Eine Hälfte soll der Herr des Sklaven bekommen und die andere Hälfte die Frau für ihre Kinder. Wenn die Frau keine Mitgift hatte so soll sie alles, was ihr Mann und sie verdient haben in zwei Teile teilen und der Herr des Mannes soll die eine Hälfte haben und sie die andere für ihre Kinder.

§ 177 Wenn eine Witwe erneut heiraten möchte, deren Kinder noch nicht erwachsen sind, so soll sie nicht heiraten ohne das Wissen eines Richters. Wenn sie erneut heiratet, soll der Richter das Haus des ersten Mannes begutachten und dann den zweiten Mann und die Frau als Verwalter darüber einsetzen und einen Bericht darüber anfertigen. Die Frau soll das Haus in Ordnung halten und die Kinder großziehen. Sie darf den Hausrat nicht verkaufen. Wer den Hausrat der Kinder einer Witwe kauft, soll sein Geld verlieren und die Güter sollen zu ihren Besitzern zurückgehen.

§ 178 Wenn eine Hetäre oder Dirne, welcher ihr Vater eine Aussteuer gegeben und diese beurkundet hat, in dieser Urkunde aber nicht vermerkt ist, dass sie diese nach ihrem Willen vermachen oder die freie Verfügungsgewalt darüber hat und ihr Vater stirbt, so sollen ihre Brüder Haus und Garten an sich nehmen und ihr Getreide, Öl und Milch geben und sie zufriedenstellen. Wenn ihre Brüder ihr diese Güter nicht in Höhe ihres Anteils geben, so sollen ihr Feld und Garten sie versorgen. Sie soll den Nießbrauch von Feld und Garten haben und alles was ihr Vater ihr vermacht, so lange sie lebt, aber sie darf es nicht verkaufen oder an jemand anderen übertragen. Ihr Erbrecht steht ihren Brüdern zu.

§ 179 Wenn eine Schwester Gottes oder eine Dirne, von ihrem Vater ein Geschenk empfängt und dazu eine Urkunde, die ihr explizit gestattet, dass sie damit verfahren möge wie sie will und ihr die vollständige Verfügungsmacht gibt und ihr Vater stirbt, so kann sie mit ihrem Eigentum verfahren wie sie will. Ihre Brüder haben kein Anrecht darauf.

§ 180 Wenn ein Vater seiner Tochter ein Geschenk macht, sei sie heiratsfähig oder als Dirne nicht heiratsfähig, und der Vater dann stirbt, dann soll die Tochter als sein Kind einen Erbteil des väterlichen Gutes erhalten und seinen Nießbrauch innehaben so lange sie lebt. Danach gehört ihr Gut ihren Brüdern.

§ 181 Wenn ein Vater seine Tochter dem Tempel als Magd oder Jungfrau darbringt und der Vater dann stirbt, dann soll die Tochter als sein Kind einen Erbteil des väterlichen Gutes erhalten und seinen Nießbrauch innehaben so lange sie lebt. Danach gehört ihr Gut ihren Brüdern.

§ 182 Wenn ein Vater seine Tochter als Braut des Marduk darbringt und ihr kein Geschenk oder Vermächtnis macht und dann der Vater stirbt, so soll sie ein Drittel ihres Erbteiles von

Ihren Brüdern erhalten und Marduk soll ihr Gut lassen wem immer sie es wünscht.

§ 183 Wenn ein Mann seiner Tochter mit einer Konkubine eine Aussteuer gibt und einen Mann und eine Urkunde und der Vater dann stirbt, so soll die Tochter keinen Teil seines Erbes haben.

§ 184 Wenn ein Mann seiner Tochter mit einer Konkubine keine Aussteuer gibt und keinen Mann und der Vater dann stirbt, so soll ihr Bruder ihr eine Aussteuer, angemessen dem Reichtum ihres Vaters geben und ihr einen Mann suchen.

§ 185 Wenn ein Mann ein Kind adoptiert und dieses als seinen Sohn großzieht, so kann dieser Sohn nicht wieder zurückgefordert werden.

§ 186 Wenn ein Mann ein Kind adoptiert und großzieht und dieser Sohn sein Pflegevater oder seine Pflegemutter verletzt, so soll der Sohn in das Haus seines Vaters zurückkehren.

§ 187 Der Sohn einer Hetäre in Diensten des Palastes oder einer Dirne kann nicht zurückgefordert werden.

§ 188 Wenn ein Handwerker ein Kind großgezogen hat und es sein Handwerk gelehrt hat, so kann das Kind nicht zurückgefordert werden.

§ 189 Wenn er ihn sein Handwerk nicht gelehrt hat, so kann der Sohn ins Haus seines Vaters zurückkehren.

§ 190 Wenn ein Mann ein adoptiertes Kind nicht mit seinen anderen Kindern aufzieht, dann kann der adoptierte Sohn ins Haus seines Vaters zurückkehren.

§ 191 Wenn ein Mann einen adoptierten Sohn großgezogen hat und dann einen Haushalt gegründet hat und Kinder bekommen hat und seinen adoptierten Sohn wegschicken will, so soll der adoptierte Sohn nicht einfach gehen. Der Pflegevater soll ihm von seinen Gütern ein Drittel seines Erbes geben und dann darf er gehen. Der Vater soll ihm nichts von Feld, Garten und Haus geben.

§ 192 Wenn ein Sohn einer Geliebten oder Dirne, der bei Pflegeeltern lebt, zu seinem Pflegevater oder seiner Pflegemutter sagt: „Du bist nicht mein Vater oder du bist nicht meine Mutter.“, so soll ihm die Zunge herausgeschnitten werden.

§ 193 Wenn ein Sohn einer Geliebten oder Dirne das Haus seines leiblichen Vaters begehrt und seine Pflegeeltern verlässt und zum Haus seines Vater geht, so soll ihm sein Auge geblendet werden.

§ 194 Wenn ein Mann sein Kind zu einer Amme gibt und das Kind in deren Händen stirbt, die Amme aber, ohne Wissen der Eltern ein weiteres Kind stillt, dann sollen ihr die Brüste abgeschnitten werden.

§ 195 Einem Sohn, der gegen seinen Vater die Hand erhebt, soll die Hand abgeschlagen werden.

§ 196 Wenn ein Mann einem anderen Mann ein Auge nimmt, so soll ihm ein Auge genommen werden.[12]

§ 197 Wer eines anderen Knochen bricht, dem soll ein Knochen gebrochen werden.

§ 198 Wer eines freigelassenen Mannes Auge nimmt oder dessen Knochen bricht, soll eine Mine Goldes bezahlen.

§ 199 Wer einem Sklaven ein Auge nimmt oder einen Knochen bricht, soll die Hälfte des Wertes des Sklaven bezahlen.

§ 200 Wenn ein Mann einem anderen von gleichem Range einen Zahn ausschlägt, so soll ihm ein Zahn genommen werden.

§ 201 Wer den Zahn eines freigelassenen ausschlägt, soll eine Drittel Mine Goldes zahlen.

§ 202 Wer den Körper eines höherrangigen Mannes als er selbst schlägt, soll öffentlich sechzig Hiebe mit einer Ochsenpeitsche erhalten.

§ 203 Wenn ein frei geborener Mann den Körper eines anderen frei geborenen Mannes schlägt, soll er eine Mine Goldes bezahlen.

---

[12] §§ 196, 200 Auge um Auge, Zahn um Zahn, einer der wohl bekanntesten Sätze der Rechtsgeschichte.

§ 204 Wenn ein freigelassener Mann einen anderen freigelassenen Mann schlägt, soll er zehn Schekel Geldes bezahlen.

§ 205 Wenn ein Sklave eines Freigelassenen einen Freigelassenen schlägt, soll ihm ein Ohr abgeschnitten werden.

§ 206 Wenn jemand einen anderen während eines Streites schlägt und dadurch verwundet, so soll er schwören, dass es nicht mit Absicht geschah und die Ärzte bezahlen.

§ 207 Wenn der Mann an seinen Wunden verstirbt, so soll der Täter ebenfalls schwören und wenn der Verstorbene ein Freigeborener war, so soll er eine halbe Mine Geldes bezahlen.

§ 208 Wenn der Verstorbene ein Freigelassener war, soll der Andere eine Drittel Mine bezahlen.

§ 209 Wenn jemand eine freigeborene Frau schlägt, so dass diese ihr ungeborenes Kind verliert, so soll er zehn Schekel für den Verlust bezahlen.

§ 210 Wenn die Frau stirbt, soll die Tochter des Täters getötet werden.

§ 211 Wenn eine freie Frau ihr Kind durch einen Hieb verliert, soll der Täter fünf Schekel bezahlen.

§ 212 Wenn die Frau stirbt, soll er eine halbe Mine bezahlen.

§ 213 Wer die Magd eine Mannes schlägt und diese ihr Kind verliert, soll zwei Schekel Geldes bezahlen.

§ 214 Wenn die Magd stirbt, soll eine Drittel Mine bezahlen.

§ 215 Wenn ein Arzt einen großen Einschnitt mit einem Operationsmesser macht oder einen Tumor über dem Auge mit einem Messer öffnet und das Auge so rettet, soll dafür zehn Schekel erhalten.

§ 216 Wenn der Patient ein Freigelassener ist, soll der Arzt fünf Schekel erhalten.

§ 217 Wenn der Patient jemandes Sklave ist, soll der Arzt von dessen Eigentümer zwei Schekel erhalten.

§ 218 Wenn ein Arzt einen großen Einschnitt mit einem Operationsmesser macht und der Patient stirbt oder einen Tumor über dem Auge mit einem Messer öffnet und das Auge herausschneidet, so soll dem Arzt die Hand abgeschlagen werden.

§ 219 Wenn ein Arzt eine Operation bei einem Sklaven eines Freigelassenen macht und der Sklave stirbt, so soll er den Sklaven durch einen anderen ersetzen.

§ 220 Wenn er dabei einen Tumor geöffnet hat und das Auge herausgeschnitten hat, so soll er dem Eigentümer die Hälfte des Wertes des Sklaven zahlen.

§ 221 Wenn ein Arzt einen gebrochenen Knochen oder erkrankten Körperteil eines Mannes heilt, soll der Patient dem Arzt fünf Schekel zahlen.

§ 222 Wenn der Patient ein Freigelassener war, soll er drei Schekel zahlen.

§ 223 Wenn der Patient ein Sklave war, so soll der Besitzer zwei Schekel zahlen.

§ 224 Wenn ein Tierarzt eine größere Operation an einem Esel oder Ochsen durchführt und das Tier heilt, so soll der Eigentümer dem Tierarzt ein Sechstel eines Schekels zahlen.

§ 225 Wenn ein Tierarzt eine größere Operation an einem Esel oder Ochsen durchführt und das Tier stirbt, so soll er dem Eigentümer ein Viertel seines Wertes zahlen.

§ 226 Wenn ein Barbier, ohne das Wissen seines Herren, ein Sklavenzeichen einem Sklaven anbringt, der nicht verkauft werden soll, so sollen ihm die Hände abgeschlagen werden.[13]

§ 227 Wenn jemand einen Barbier täuscht, so dass dieser einen Sklaven, der nicht zum Verkauf bestimmt ist, mit einem Verkaufszeichen markiert, so soll er des Todes sein und in seinem Haus begraben werden. Der Barbier soll schwören, dass er getäuscht wurde und frei von Schuld sein.

§ 228 Wenn ein Baumeister ein Haus für jemanden baut und fertigstellt, so soll dieser ihm zwei Schekel für jeden Fuß Grundfläche geben.

---

[13] Gemeint ist wohl das Entfernen eines Sklavenmerkmals, welches in Babylon oft ein bestimmter Haarschnitt war.

§ 229 Wenn ein Baumeister ein Haus für jemanden baut und dies nicht richtig konstruiert und das Haus zusammenstürzt und den Hausbesitzer tötet, soll der Baumeister des Todes sein.

§ 230 Wenn der Sohn des Hausbesitzers dabei stirbt, soll der Sohn des Baumeisters getötet werden.

§ 231 Wenn ein Sklave des Hausbesitzers dabei stirbt, so soll der Baumeister dem Hausbesitzer die Kosten für den Sklaven ersetzen.

§ 232 Wenn Güter bei dem Einsturz zu Schaden kommen, so soll der Baumeister dafür Ersatz leisten. Er soll das Haus, soweit er es nicht richtig errichtet hat, aus seinen eigenen Mitteln neu aufbauen.

§ 233 Wenn ein Baumeister ein Haus für jemanden errichtet und, obwohl es noch nicht fertig gestellt ist, die Mauer einzustürzen droht, so soll der Baumeister diese aus seinen eigenen Mitteln stabil machen.

§ 234 Wenn ein Schiffbauer jemandem ein Boot für sechzig Gur baut, soll der Auftraggeber ihm zwei Schekel Geldes zahlen.

§ 235 Wenn ein Schiffbauer jemandem ein Boot baut und dieses nicht dicht ist und das Boot im gleichen Jahr auf Fahrt geschickt wird und beschädigt wird, so soll der Schiffsbauer das Boot zerlegen und auf eigene Kosten abdichten. Das dichte Boot soll er dem Eigentümer geben.

§ 236 Wenn jemand sein Boot an einen Schiffer vermietet und der Schiffer unachtsam ist und das Boot deswegen zum Wrack wird oder untergeht, so soll der Schiffer dem Eigentümer ein anderes Boot zum Ausgleich geben.

§ 237 Wenn jemand einen Schiffer und sein Boot mietet und es mit Getreide, Kleidung, Öl und Datteln und andere Dingen, die es zur Fahrt benötigt ausstattet und der Schiffer dann unachtsam ist, das Boot zum Wrack wird und seine Ladung verloren geht, dann soll der Schiffer Ersatz leisten für das Boot und die Ladung.

§ 238 Wenn ein Schiffer jemandes Schiff in Seenot bringt, es aber rettet, so soll er dem Eigentümer die Hälfte des Wertes zahlen.

§ 239 Wer einen Schiffer anheuert, soll diesem sechs Gur Getreide pro Jahr zahlen.

§ 240 Wenn ein Handelsschiff eine Fähre rammt und versenkt, so soll der Kapitän des Schiffes Gerechtigkeit vor Gott suchen. Der Kapitän des Handelsschiffes, welches die Fähre versenkt hat, soll dem Eigentümer der Fähre Boot und Ladung ersetzen.

§ 241 Wenn jemand einen Ochsen zur Zwangsarbeit requiriert, so soll er eine Drittel Mine in Geld zahlen.

§ 242 Wenn jemand einen Ochsen für ein Jahr mietet, so soll er vier Gur Getreide für einen Weideochsen zahlen.

§ 243 Als Mietzins für eine Herde Rinder soll der Mieter drei Gur Getreide an den Eigentümer zahlen.

§ 244 Wenn jemand einen Ochsen oder Esel mietet und ein Löwe tötet diesen im Feld, so trägt den Verlust der Eigentümer.

§ 245 Wer einen Ochsen mietet und diesen durch Schläge oder Schlechtbehandlung tötet, soll dem Eigentümer Ersatz leisten, Ochsen für Ochsen.

§ 246 Wer einen Ochsen mietet und dessen Bein bricht oder die Sehnen in seinem Nacken durchtrennt, soll dem Eigentümer den Schaden ersetzen, Ochsen für Ochsen.

§ 247 Wer einen Ochsen mietet und diesem ein Auge nimmt, soll dem Eigentümer die Hälfte des Wertes ersetzen.

§ 248 Wer einen Ochsen mietet und diesem ein Horn abbricht oder den Schwanz abschneidet oder sein Maul verletzt, soll dem Eigentümer ein Viertel des Wertes zahlen.

§ 249 Wenn jemand einen Ochsen mietet und Gott diesen erschlägt, so soll der Mann, der ihn gemietet hat, bei Gott schwören und als unschuldig betrachtet werden.

§ 250 Wenn jemand einen Ochsen, der eine Straße passiert wegdrückt und der Ochse dabei stirbt, so hat der Eigentümer keinen Anspruch gegen den Mieter.

§ 251 Wenn ein Ochse aggressiv ist und dieses bekannt ist und der Eigentümer dem Ochsen nicht die Hörner abbindet oder den Ochsen festbindet und dieser einen Freigeborenen aufspießt und tötet, so soll der Eigentümer eine halbe Mine in Geld bezahlen.

§ 252 Wenn der Ochse einen Sklaven tötet, so soll der Eigentümer eine Drittel Mine bezahlen.

§ 253 Wenn ein Mann einem anderen ein Feld vermietet und ihm Samen gibt und ein Joch (Gespann) Ochsen und ihn bindet, das Land zu bebauen und der Pächter dann das Getreide oder die Feldfrüchte stiehlt, um sie für sich selbst zu behalten, so sollen ihm die Hände abgeschlagen werden.

§ 254 Wenn der Pächter die Samen für sich behält und das Gespann Ochsen nicht benutzt, so soll er den Samen ersetzen.

§ 255 Wenn der Pächter das Gespann weiterverpachtet oder den Samen stiehlt und nichts auf dem Feld pflanzt, so soll er verurteilt werden und für je einhundert Gan soll er sechzig Gur Getreide zahlen.

§ 256 Wenn seine Gemeinde nicht für ihn zahlen will, so soll er aufs Feld zum Vieh zur Arbeit geschickt werden.

§ 257 Wer einen Feldarbeiter anheuert, soll diesem acht Gur Getreide pro Jahr bezahlen.

§ 258 Wer einen Ochsentreiber anheuert, soll diesem sechs Gur Getreide pro Jahr bezahlen.

§ 259 Wer ein Wasserrad von einem Feld stiehlt, soll dem Eigentümer fünf Schekel zahlen.

§ 260 Wer ein Shadduf[14] oder einen Pflug stiehlt, soll drei Schekel Geldes bezahlen.

§ 261 Wer einen Rinder- oder Schafhirte anheuert, soll diesem acht Gur Korn pro Jahr zahlen.

§ 262 Wer eine Kuh oder ein Schaf … (unleserlich)

§ 263 Wer die Rinder oder Schafe tötet, die ihm anvertraut sind, soll sie dem Eigentümer ersetzen. Rind für Rind, Schaf für Schaf.

§ 264 Ein Hirte, dem Schafe oder Rinder anvertraut sind und der seinen gerechten Lohn erhalten hat soll, wenn er die Herde mutwillig gemindert oder die Vermehrung nicht unterstützt hat, die Verluste ersetzen.

§ 265 Ein Hirte, dem Schafe oder Rinder anvertraut sind und der des Betruges schuldig ist, und nicht alle neugeborenen Tiere herausgibt oder diese für Geld verkauft, soll verurteilt werden und dem Eigentümer das Zehnfache des Schadens ersetzen.

§ 266 Wenn ein Tier der Herde im Stall durch Gott getötet wird oder durch Unfall oder ein Löwe es reißt, so soll der Hirte vor Gott seine Unschuld schwören und der Eigentümer den Verlust tragen.

---

[14] Eine Vorrichtung zum Schöpfen von Wasser aus Kanälen oder Flüssen

§ 267 Wenn der Hirte im Stall unachtsam ist und dann ein Unfall passiert, so ist der Hirte verantwortlich für den Unfall und muss den Eigentümer für dessen Verlust entschädigen.

§ 268 Wer einen Ochsen zum Dreschen mietet, soll zwanzig Ka Getreide Mietzins zahlen.

§ 269 Wer einen Esel zum Dreschen mietet, soll zwanzig Ka Getreide Mietzins zahlen.

§ 270 Wenn der Mieter ein Jungtier zum Dreschen mietet, so sei der Mietzins nur zehn Ka Getreide.

§ 271 Wer einen Ochsen, Karren und Treiber mietet, soll als Mietzins einhundert und achtzig Ka Getreide pro Tag zahlen.

§ 272 Wer nur den Karren mietet, soll vierzig Ka Mietzins zahlen.

§ 273 Wer einen Tagelöhner anheuert, der soll ihm von Neujahr bis zum fünften Monat[15] des Jahres sechs Gerahs in Geld pro Tag zahlen, vom sechsten Monat bis zum Ende des Jahres soll er fünf Gerahs pro Tag zahlen.

§ 274 Wer einen ausgebildeten Handwerker anheuert, soll als Lohn für einen … (unleserlich) fünf Gerahs zahlen, für einen

---

[15] Das babylonische (Mond)Jahr beginnt in unserem Frühjahr, der Zeitraum ist daher ca. April bis August. Die unterschiedlichen Preise ergeben sich vermutlich aus den längeren Tagen im Sommer.

Töpfer fünf Gerahs, für einen Schneider fünf Gerahs, für einen Seiler vier Gerahs für einen Steinmetz … (unleserlich) Gerahs.

§ 275 Wer ein Fährschiff mietet, soll drei Gerahs in Geld pro Tag zahlen.

§ 276 Wer ein Frachtschiff mietet, soll zweieinhalb Gerahs pro Tag bezahlen.

§ 277 Wer ein Schiff von sechzig Fuß mietet, soll einen sechstel Schekel pro Tag als Mietzins zahlen.

§ 278 Wenn jemand einen Sklaven oder ein Sklavin kauft und dieser vor Ablauf eines Monats an einer Krankheit erkrankt, so soll er den Sklaven zurückgeben und sein Geld zurückerhalten.

§ 279 Wenn jemand einen Sklaven oder eine Sklavin kauft und ein Dritter erhebt Anspruch auf diese, so ist der Verkäufer der Anspruchsgegner.

§ 280 Wenn jemand in einem fremden Land von einem Landsmann einen Sklaven oder eine Sklavin kauft und wenn der Käufer nach Hause kommt und erkennt, dass der Sklave oder die Sklavin Einheimische des Landes (Babylon) sind, so soll er sie zurückgeben ohne sein Geld zurückzuerhalten.

§ 281 Wenn es Ausländer sind, so soll der Käufer den Kaufpreis deklarieren und den Sklaven oder die Sklavin behalten.

§ 282 Wenn ein Sklave zu seinem Herrn sagt: „Du bist nicht mein Herr!“, soll er verurteilt werden und ihm soll ein Ohr abgeschnitten werden.

Dies sind die Gesetze der Gerechtigkeit, die Hammurapi, der weiseste der Könige, erlassen hat. Rechtschaffende Gesetze und fromme Ordnung lehrte er das Land. Ich bin Hammurapi, der Hüter des Reiches. Ich habe mich nie zurückgezogen von jenem Volk, welches Bhaal mir anvertraute. Über welches zu herrschen Marduk mir auftrug. Ich war niemals nachlässig, sondern machte das Land zu einem beständig friedlichen Ort. Ich zeigte all die großen Schwierigkeiten, ja ich zog sie ans Licht. Mit den mächtigen Waffen, die Zamama und Ischtar mir gaben, mit den klaren Vision, welche Ea mir zeigte und mit der Weisheit des Marduk habe ich meine Feinde in Nord und Süd ausgelöscht, mir die Erde untertan gemacht und so ihren Bewohnern Wohlstand und Sicherheit gebracht. Die großen Götter haben mich berufen, dass ich der heilbringende Hirte sei, dessen Männer gerecht sind. Ein guter Schatten, der über meiner Stadt liegt. An meiner Brust nähre ich die Menschen der Länder von Sumer und Akkad. In meinem Schutze lasse ich sie in Frieden ruhen, an meiner Weisheit habe ich sie teilhaben lassen. Dass der Starke den Schwachen nicht schlage, um die Witwen und Waisen zu beschützen, um Recht im Land zu sprechen, um Streit zu schlichten und alle Verletzungen zu heilen, habe ich in Babylon, der Stadt in der Anu und Bhaal zum Himmel aufblicken, in Esagil dem Tempel dessen Fundamente so fest stehen, wie jene von Himmel und Erde, diese meine Worte gesprochen, geschrieben in Stein vor meinem Bilde als König des Rechts.

Ich bin der König, der über die Könige der Städte herrscht. Meine Worte sind gut gewählt, es gibt keine Weisheit, die wie die meine ist. Auf Befehl des Schamasch, des großen Richters von Himmel und Erde, lass Gerechtigkeit walten im Land. Auf Befehl des Marduk, meines Herrn, soll nie Zerstörung mein Monument ereilen. In Esagil, welches ich liebe, lasst meinen Namen auf ewig erklingen. Lasst den Unterdrückten, der Klage führt kommen und stehen vor diesem meinem Bild als Herr des Rechts und lasst ihn lesen, was ich niederschrieb und lasst ihn meine Worte verstehen. Meine Schriften werden ihm die Lösung seines Falles erklären, er wird erkennen was Recht ist und sein Herz wird froh sein, so dass er sagen wird:

„Hammurapi ist einer jener Herrscher, die ihrem Volk mehr Vater sind. Der die Worte des Marduk in Ehrfurcht hält, der für Marduk den Norden und den Süden erobert hat. Der das Herz des Marduk, seines Herrn erfreut. Der König, der Güte und Wohltaten für jeden einzelnen seiner Untertanen bereitete und Dank dessen Ordnung im Lande herrscht.“

Wenn er die Zeilen liest, lasst ihn aus ganzem Herzen beten zu Marduk, meinem Herrn und Zarpanit, meiner Herrin. Und die Schutzgeister und die Götter, die den Tempel Esagil beleben sollen jenes Verlangen stillen, dass täglich vor Marduk, meinen Herrn und Zarpanit meine Herrin, gebracht wird.

Möge in der Zukunft, für alle Zeit und durch alle Generationen jeder König, der über Babylon herrschen wird diesen Worten der Gerechtigkeit gehorchen, die ich auf dieses Monument geschrieben habe. Er soll nicht ändern Recht, welches ich dem Land gegeben habe, noch eines meiner Edikte. Mein Monument lasst ihn nicht beschmutzen. Wenn ein solcher Herrscher weise ist und fähig, sein Land in Ordnung zu halten, so soll er den Worten, die ich schrieb in diesen Stein, gehorchen. Sie sind die Herrschaft, die Ordnung und das Recht, welches ich dem Reich gab. Dieser Stein soll ihm zeigen die Entscheidungen, die ich traf. Möge er sein Volk danach regieren, ihm Recht sprechen, die richtigen Entscheidungen fällen und die Verbrecher und die Bösen vom Antlitz der Erde tilgen. Möge er seinem Volk Wohlstand bescheren.

Ich bin Hammurapi, der König des Rechts, das Schamasch mir zeigte. Meine Worte sind weise. Meine Taten sind ohnegleichen. Sie erniedrigen jene, die hoch waren und brechen die Stolzen, um Anmaßung für immer auszuschließen. Wenn ein Herrscher nach mir meine Worte, die ich in diesen Stein schrieb bedenkt, und mein Recht nicht negiert oder meine Worte verdreht und mein Monument nicht verändert, dann möge Schamasch dieses Königs Herrschaft verlängern so wie die meine, des Herrn der Gerechtigkeit, sodass er gerecht herrschen möge über sein Volk. Wenn aber ein König meinen Worten keine Achtung entgegenbringt, wenn er meine Flüche geringschätzt und den Fluch eines Gottes nicht fürchtet, wenn er mein Gesetz zerstört, meine Worte verdreht, mein

Monument besudelt, meinen Namen daraus tilgt, um ihn durch seinen zu ersetzen oder falls er wegen der Flüche einen anderen so handeln lässt, so möge der große Gott Anu der Vater der Götter, der meine Herrschaft befohlen hat ihn, ob König oder Herrscher, Adeliger oder Gemeiner, was immer er sei, ihm auf ewig nehmen den Ruhm des Königtums, sein Zepter brechen und sein Schicksal verfluchen. Möge Bhaal, der Herr des Schicksals, dessen Wille nicht geändert werden kann, der mein Königreich groß machte, eine Rebellion entfachen, die die Hand des Herrschers nicht mehr beherrschen kann. Möge er den Wind des Umsturzes seine Heimstatt durchwehen lassen. Möge er die Jahre seiner Herrschaft in Seufzern und Stöhnen zählen, Jahre des Mangels, Jahre der Hungersnot, der Dunkelheit ohne das Licht. Möge ihm sehenden Auges der Tod sein Schicksal sein. Möge Bhaal mit all seiner Würde seine Stadt dem Untergang weihen, seine Untertanen zerstreuen, seine Herrschaft beenden und seinen Namen und die Erinnerung an ihn in ewige Dunkelheit tauchen. Möge Belit, die große Mutter, deren Name Gewicht hat in Ekur, die Herrin, die meine Bitten gnadenvoll erhört, auf dem Stuhl der Entscheidung und des Urteils [16] die Handlungen dieses Herrschers als schlecht beschreiben. Und möge sie die Verheerung seines Landes, die Vernichtung seiner Untertanen und das Verlaufen seines Lebens wie Wasser im Staub in den Mund des Herrn des Schicksals legen. Möge Ea der große Herrscher, dessen Verfügungen des Schicksals unabänderlich

---

[16] Vor dem der Gott Bhaal, der in babylonischer Mythologie das Schicksal eines Menschen entscheidet.

sind, der Denker unter den Göttern, der Allwissende, der die Tage meines Lebens lange währen lässt, ihm Verständnis und Weisheit nehmen, ihn ins Vergessen führen, die Quellen seiner Flüsse versiegen lassen und nicht Korn noch Feldfrucht wachsen lassen für die Menschen in seinem Land. Möge Schamasch, der große Richter von Himmel und Erde, der alle Mittel der Existenz bereitstellt, der Herr des Lebensmutes, sein Reich zertrümmern, seine Gesetze verstummen lassen, seinen Weg zerstören, den Marsch seiner Truppen erfolglos sein lassen und sende ihm in seinen Träumen die Vorahnung der Verdammnis seines Thrones und der Zerstörung seines Landes. Möge die Verdammnis des Schamasch über ihn kommen, möge er dürsten unter den Lebenden und sein Geist hinabsinken unter die Erde. Möge Sin, der Herr des Himmels, der göttliche Vater, dessen Halbmond licht ist zwischen den Göttern, ihm seine Krone und den königlichen Thron entreißen. Möge er ihn mit schwerer Schuld beladen, mit großem Verfall, so dass nichts niedriger sein kann als er. Möge er enden wie ihm vorher bestimmt, nach Tagen, Monaten, Jahren des Seufzens und der Tränen, einem Leben niedergedrückt von der Schwere der Herrschaft, das wie der Tod sein soll. Möge Adad der Herr der Früchte, Herrscher von Himmel und Erde, mein Helfer ihm den Regen des Himmels vorenthalten und die Flut von den Quellen und sein Land zerstören durch Hunger und Not. Möge er wüten über seiner Stadt und sein Land mit verwüsteten Städten zeichnen. Möge Zamama, der große Krieger, der erstgeborene Sohn von Ekur, der zu meiner rechten Seite geht, seine Waffen auf das Schlachtfeld tragen und den Tag in die Nacht verwandeln und die Feinde des Rechtsbrechers über diesen siegen lassen. Möge Ischtar, Göttin des Kampfes und des Krieges, die meine Waffen freimacht, meine glorreiche Schutzgöttin, die mein Reich liebt, sein Königreich mit wütendem Herzen verfluchen. In ihrem großen Zorn soll sie seine Gnade in Böses verwandeln und seine Waffen auf dem Schlachtfeld zertrümmern. Möge sie Chaos und Aufruhr beschwören, seine Krieger niederwerfen, auf dass die Erde ihr Blut trinkt und die Haufen der Leichen seiner Krieger sie bedecken. Sie möge ihm kein Leben in Gnade und Freude gewähren, sondern ihn in die Hände seiner Feinde ausliefern, auf dass diese ihn in ihrem Lande in Ketten legen. Möge Nergal, die Macht unter den Göttern, dessen Macht unaufhaltsam ist, der mir den Sieg schenkt, in seiner Macht das Volk des Rechtbrechers verbrennen wie dünne Schilfhalme. Seine Glieder abschlagen mit seinen mächtigen Waffen und ihn zertrümmern wie ein irdenes Bild. Möge Nintu, die erhabene Herrin des Landes, die fruchtbare Mutter ihm einen Sohn verwehren, ihm keinen Namen gewähren, ihm keinen Nachfolger unter den Menschen geben. Möge Ninkarak, die Tochter Anus, die mir Gnade zuspricht, ihn nach Ekur schicken mit hohem Fieber, tiefen Wunden, die unheilbar sind und deren Art die Heiler nicht verstehen, die nicht durch Medizin kuriert werden können und die, wie der Hauch des Todes, nicht gehen, bis sie seinen Lebensfunken aufgezehrt haben. Möge er jammern ob des Verlustes seiner Lebenskraft und mögen die großen Götter von Himmel und Erde, die Anunaki, alle zusammen ein Böses einsperren in seinem Tempel, den Mauern von Ebarra[17], in seinem ganzen Reiche, seinen Ländern, seinen Kriegern, seinem Volk. Möge Bhaal ihn verfluchen mit den mächtigsten Flüchen aus seinem Munde, die unabänderlich sind und mögen all diese von Stund an über ihn kommen.

---

[17] Gemeint ist vermutlich der Tempel der Sonne in der Stadt Sippara.

Memento Mori

Im Römischen Reich, einem der größten und langlebigsten der Menschheitsgeschichte, wurde siegreichen Feldherren und Generalen nach besonders erfolgreichen Feldzügen die Ehre eines Triumphzuges durch die Hauptstadt des Reiches, Rom, gewährt. Dieses galt als eine der größten Ehren die einem Römer zuteilwerden konnte. Zusammen mit Truppen des Feldzuges, Gefangenen und Beute wurde der Geehrte auf einem Streitwagen durch die Stadt zum Forum Romanum gefahren. Währenddessen stand neben dem Fahrer und dem Feldherrn selbst stets noch ein dritter Mann, meistens ein Priester oder Sklave, auf dem Streitwagen. Seine Aufgabe war es, über dem Haupt des Siegers eine goldene Eichenlaubkrone aus dem Tempel des Jupiter zu halten. Während er diese hielt, war ihm befohlen, während des gesamten Triumphzuges dem Triumphator zwei Worte ins Ohr zu flüstern, um ihn vor Größenwahn und Hybris zu warnen: Memento mori! Gedenke, dass du sterblich bist!

Seine Knie begannen zu schmerzen. Er atmete den schweren Duft der brennenden Kräuter ein und hoffte, dass der Rauch den Schmerz für einige Augenblicke betäuben würde. Die Zipperlein des Alters, wie sehr er sie hasste. Aber die Knie taten schon lange nur noch widerwillig ihren Dienst, und je mehr Jahre sie sahen, desto mehr zeigten sie ihm ihre Unwilligkeit durch stets wiederkehrende Pein. Er blickte kurz auf, als seine Frau die Stube betrat. Die Kerzen an der Wand hüllten das kleine Zimmer in schummeriges, aber dennoch angenehm warmes Licht. Er sah seine Frau an, die ihm nun schon so viele Jahre lang treu zur Seite stand. Still lächelte er, sah wieder auf den kleinen Altar vor sich und dankte leise den Göttern für sein glückliches Leben, eine Gewohnheit, die er schon seit vielen Jahren pflegte und die ihm zum Ritual geworden war. Fast hätte er daher das Klopfen nicht gehört, denn es war sehr leise und ganz anders, als er es im Rückblick erwartet hätte. Trotzdem schreckte er bei dem leisen Geräusch an der Holztüre hoch. Ein Blick in das Gesicht seiner Frau sagte ihm, dass sie es ebenso vernommen hatte. Sie sahen sich kurz an, und unausgesprochen stand zwischen ihnen die Frage, welcher Gast zu dieser Stunde wohl zu Besuch kommen könnte. Er erhob sich, stand auf und lief die wenigen Meter zur Tür. Vor der Tür standen mehrere Männer, groß gewachsen und das Gesicht mit Kapuzen verhüllt. „Publius Servilius?“ fragte der Erste. „Ja, der bin ich.“

„Wir bitten euch uns zu begleiten.“ Der Ton klang barsch und fordernd, so dass Publius schnell klar wurde, dass es sich weniger um eine Bitte als vielmehr um einen Befehl handelte.

„Und wer seid ihr?“

„Mein Name tut nichts zur Sache. Es möchte jemand mit euch sprechen. Jemand, dessen Rang so hoch ist, dass sein Name hier ebenfalls nichts zur Sache tut.“

„Mit mir?" „Ja, mit euch. Kommt bitte mit." „ Und wenn ich nicht möchte?" Der fremde Mann schob seinen Mantel mit der linken Hand etwas zur Seite und Publius' Blick fiel auf den bronzenen Knauf eines römischen Gladius'[18], der im matten Licht kurz metallisch aufblitzte.

„Ich sehe, ihr habt überzeugende Argumente. In Anbetracht derselben will ich euch gerne begleiten. Bitte gebt mir kurz Zeit meinen Mantel zu holen", sagte er mangels Alternativen und schmunzelt dabei leicht. Er betrat die Stube, in der seine Frau verschreckt und mit sorgenerfüllter Miene stand, nahm den Mantel von der Wand und sagte liebevoll zu ihr: „Meine liebste Drusilla, diese Männer möchten, dass ich mit ihnen gehe. Offenbar hat sie jemand, der große Macht besitzt, geschickt. Ich werde mit ihnen gehen, aber ich versuche bald wieder zuhause zu sein. Sorge dich nicht um mich, sie wirken nicht feindselig." Er drehte sich um und ging wieder zur Tür, gefolgt von seiner Frau, die ihm an der Schwelle einen Kuss auf die Wange hauchte. „Pass auf dich auf, ich möchte dich nicht erst in Elysium[19] wiedersehen." Er sah sie liebevoll an, ließ seine Hand über ihre Wange streichen und ging dann zu den Männern nach draußen.

Der Anführer wies auf eines von mehreren Pferden, mit denen sie wohl gekommen waren.

---

[18] Römisches Kurzschwert

[19] Paradies der röm. Mythologie

„Könnt ihr reiten?“ „Ja“ „Dann steigt auf!“ Publius stieg in den Sattel und sie ritten durch die Nacht davon. Nachdem sie ein bis zwei Meilen in Richtung der Stadt geritten waren, hielt der Anführer an. Grinsend sagte er mit sanfter Stimme: „Ihr werdet verstehen, die Persönlichkeit um die es geht ist derartig hochgestellt, dass es für euch eher von Nachteil wäre, wenn ihr wüsstet, wer es ist oder wo sie lebt. Deswegen erlaubt mir, dass ich euch jetzt die Augen verbinde.“ Publius sah auf mit seinen alten Augen und blickte müde in das Gesicht des Mannes ihm gegenüber, der ihm in diesem Moment unglaublich jung erschien. Er überlegte, wer sein Gegenüber sein könnte. Seinem Verhalten und Auftreten gegenüber seinen Männern vielleicht am ehesten ein Soldat, ein Decurio oder gar ein Zenturio? Vielleicht auch einer jener Söldner die nach ihrer Dienstzeit als Leibwächter und private Männer fürs Grobe ihre Dienste feilboten.

Publius lächelte milde, ob seines Alters der Angst enthoben und entgegnete: „Bitte Zenturio, scheut euch nicht, tut wie es euch beliebt.“ Woraufhin zwei der Männer an ihn heran traten und ihm ein weiches Tuch vor die Augen banden.

Er versuchte nun, ohne sein Augenlicht, durch Zählen der Schritte des Pferdes wenigstens ansatzweise die zurückgelegte Distanz festzustellen. Es gelang ihm aber nicht recht und so gab er es bald auf, sich damit tröstend, dass ihn seine Begleiter wohl ohnehin im Kreise führen würden um die wahre Strecke zu verschleiern. Nach ungefähr zwei Stunden Ritt hieß man ihn absteigen. Zwei Männer fassten ihn links und rechts am Arm und führten ihn, so glaubte er zumindest, über einen steinernen

Hof in ein Gebäude. Er spürte blank polierten Marmor unter seinen Füßen und schloss daraus, dass er sich nun tatsächlich in einem Innenraum oder Hof befinden musste. Sie gingen weiter durch einen langen Gang und Publius konnte den Rauch von brennenden Fackeln riechen. Nach einigen Minuten bedeutete man ihm anzuhalten, und seine Begleiter nahmen ihm die Augenbinde ab. Publius sah sich um. Er befand sich in einem zwar recht großen aber keineswegs prunkvollen Gemach. Die Einrichtung machte einen zwar einen teuren und wertvollen Eindruck, zeichnete sich aber im Kontrast dazu durch fast streng wirkende Schlichtheit aus. Die wenigen Edelholzmöbel hoben sich mit ihrer dunklen Farbe fast wie gemalt von den hellen Wänden des Raumes ab. Im Boden war ein Mosaik eingelassen. Es zeigte einen Jungen, der in den Meereswellen auf einem Delfin ritt. Im Raum standen mehrere Tische, sowie einige Stühle. Auf einem der Tische stand eine Schale mit Obst und daneben ein Teller mit gebratenem Fleisch. Neben dem Teller stand ein tönerner Krug. Das Fleisch duftete herrlich und Publius, der sein ganzes Leben eher frugale Kost genossen hatte, lief bei dem Anblick das Wasser im Munde zusammen. Auf einem der Stühle saß ein Mann. Er trug einen langen Mantel, dessen Kapuze ihm tief ins Gesicht gezogen war, so dass Publius sein Gesicht nicht erkennen konnte.

„Setzt euch bitte.“ Wies der Mann ihn an. Seine Stimme klang klar und fest, dabei aber doch freundlich. Publius hatte solche Stimmen schon oft gehört. Dies war die Stimme eines Mannes, der es gewohnt war, Befehle zu erteilen. Publius ging zu einem der Stühle und nahm Platz.

„Bitte nehmt euch zu essen und zu trinken so viel ihr möchtet.“, sagte der Fremde. Er machte eine kurze Pause. „Ihr wundert euch sicher, warum ihr hier seid, und wer euer Gastgeber ist. Letzteres muss euch leider verborgen bleiben, was aber kein Problem darstellen dürfte. Ihr seid hier, um eine Geschichte zu erzählen, eine Geschichte, die sich vor langer Zeit zugetragen hat. Zu einer Zeit, als ihr noch jung wart. Es hat lange gedauert, euch zu finden. Seid unbesorgt, wenn ihr die Geschichte erzählt habt, könnt ihr nach Hause gehen zu eurer Frau und es soll euch kein Leid geschehen“, sagte der Mann auf dem Stuhl. Publius versuchte in dem Schatten unter der Kapuze zu erkennen, wer der fremde Mann sein könnte. Er suchte nach bekannten Zügen und während er sich erfolglos bemühte, solche zu entdecken, zermarterte er sein Hirn, welche Geschichte er wohl hier zu dieser späten Stunde erzählen sollte. Hatte man ihn verwechselt? War er vielleicht gar nicht gemeint gewesen? Was, wenn dies seinem Gastgeber auffiele? Würde er dann auch noch unbeschadet nach Hause gehen können? Oder würde ihn sein Wissen um diese Verwechslung in Gefahr bringen? Wusste er etwa schon zu viel? Ihm begann mulmig zu werden. Sein Leben lang war er Sklave gewesen. Ein gebildeter zwar, aber doch ein Sklave, einer derer, welche die Kinder reicher und mächtiger Männer unterrichteten und für diese Männer auch noch andere Verwaltungs- und sonstige Aufgaben erledigten. Erst als seine Augen zu schlecht wurden zum Lesen und seine Knochen zu sehr schmerzten, um andere

Arbeiten zu erfüllen hatte sein letzter Besitzer ihm die Freiheit geschenkt. Eine Freiheit, die ihm nun, am Ende seines Lebens nicht mehr so süß wie zuvor erschien.

„Nehmt euch ohne Scheu“, sagte der Mann mit fester Stimme und zeigte auf den Krug auf dem Tisch. „Ihr werdet den Wein brauchen, während ihr sprecht.“

Publius nahm einen Schluck. Der Wein war warm und schmeckte süß und harzig. Er verursachte ein angenehmes Brennen in der Kehle und ein warmes Gefühl im Magen. Schüchtern saß er da und als der fremde Mann ihm abermals die Speisen anbot, nahm er ein Stück Fleisch und biss herzhaft hinein. Es war wunderbar zart und Publius genoss den Geschmack auf seinen Lippen. Während er kaute, überlegte er weiter fieberhaft, was sein geheimnisvoller Gastgeber wohl von ihm wollen könnte. Welche Geschichte könnte er hören wollen? Er hatte in seinem recht langen Leben wohl einige Absonderlichkeiten erlebt, aber was genau war der Grund seines Hierseins? Als ob er seine Gedanken erraten hätte, fing sein Gastgeber an zu sprechen:

„Nun Publius Servilius, überlegt ihr immer noch, was ich wohl hören will?“ „Um ganz ehrlich zu sein, ja das tue ich.“ Der Mann schmunzelte so, dass Publius meinte einen Hauch von Spott auf seinen Zügen wahrzunehmen. „Ich danke euch für eure Ehrlichkeit. Ihr wart Tempelsklave im Tempel des Jupiter Optimus?“, änderte er das Thema abrupt, wobei seine Stimme wieder jenen bestimmenden Tonfall annahm, den Publius schon zu Anfang des Gespräches wahrgenommen hatte.

„Ja das war ich, allerdings ist das schon sehr viele Jahre her.“ „Und dort hattet ihr einmal eine Aufgabe, eine sehr ehrenvolle. Ich wart ganz nah bei einem Mann, der das Schicksal des römischen Reiches mitbestimmt hat. Ich will, dass ihr mir erzählt wie er war, als ihr ihn saht. Wie er aussah, wie er sich verhielt, ob er mit euch sprach. All das will ich wissen.“ Publius senkte leicht den Kopf und schloss die Augen. Erinnerungen schossen ihm durch den Kopf. Er sah die Massen vor sich, zu beiden Seiten der Straße. Wie sie johlten und schrien und bunte Bänder in die Luft hielten. Er hörte den rhythmischen Klang der Soldaten, die mit ihren nagelbesetzten Sandalen die Straße entlang marschierten, im Siegesrausch. Er nahm den Geruch des Wagens wahr, auf dem er gestanden hatte, den Schweiß der aufgeregten Pferde davor. Er hörte das Schluchzen der besiegten Barbaren vor ihm, und er erinnerte sich an die stoische Würde, mit der ihr König, von seinen Ketten niedergedrückt, seinem Untergang entgegenschritt.

Er sah auf. Es war völlig still im Raum, nur das leise Prasseln der Fackeln sorgte für eine kaum hörbare Geräuschkulisse. Die Ellbogen auf den Knien, die Hände gefaltet sann er einige Augenblicke lang nach.

„Der Tag war schön“, begann er. „Nicht zu heiß, aber doch angenehm warm. Ich erwachte früh, wie immer wurden wir bereits vor Aufgang der Sonne geweckt. Wir alle wussten, dass er da war. Die ganze Stadt sprach seit Tagen und Wochen von nichts anderem mehr. Es gab Diskussionen wie es weiter gehen würde, nach den blutigen Jahren des Bürgerkrieges. Aber es war mehr eine fast aufgeregte Spannung als Angst, obwohl sich auf den Straßen noch kurz vor seiner Ankunft eine gewisse Mulmigkeit nicht hatte verleugnen lassen. Die Legionen lagerten außerhalb des Pomeriums[20] vor der Stadt. Der Senat hatte in Windeseile seine Zustimmung gegeben, dass der Imperator mit seinen Truppen die Stadtgrenze überschreiten dürfte und ihm seinen Triumphzug bewilligt. Wie oft in solchen Situationen, beschleunigte auch hier die Präsenz der Macht das Prozedere ganz erheblich und die Vorbereitungen waren dementsprechend schnell abgeschlossen. Der Tempeldiener hieß mich aufstehen und vor den Pontifex[21] des Jupitertempels kommen. Ich ging durch die Flure, ohne zu wissen, was dieser von mir wollen könnte. Es war sehr ungewöhnlich, dass einer von uns zu ihm gerufen wurde. Normalerweise wurden wir von den niederen Priestern unseren Aufgaben zugewiesen. Als ich ankam, stand ich kurz unschlüssig vor der schweren Holztür zu seinem Zimmer und klopfte. Nach einem klar hörbaren „Herein!" betrat ich das Zimmer.

„Publius Servilius, Meister, ihr habt mich rufen lassen?" Ich stand unsicher vor einem Tisch, an dem der Priester saß und etwas schrieb.

---

[20] Die sakrale Stadtgrenze Roms, welche von Feldherrn und Promagistraten (und ausländischen Herrschern) ohne Erlaubnis des Senates nicht überschritten werden durfte. Feldherren mussten ihr Imperium (Befehlsgewalt) niederlegen, bevor sie diese Grenze überschritten. Ein Triumphzug bildete dabei die einzige Ausnahme.

[21] Oberer Priester, wörtlich Brückenbauer

„Ja, das habe ich. Setzt euch.“ Er wies mir mit der Feder in der Hand einen Stuhl vor dem Tisch zu, ohne von seiner Arbeit aufzublicken. Er kam sofort zur Sache. „Ich habe eine Aufgabe für dich Servilius. Eine Aufgabe, die eine höchste Auszeichnung für dich darstellt.“ Er sah mich eindringlich an. „Ich hoffe sehr, dass du dir dessen bewusst bist, und sie bestens erfüllen wirst.“ „So es in meiner Macht steht, will ich alles tun was ihr wünscht“, antwortete ich getreulich.

„Auf dem Marsfeld lagern die Truppen des Imperators. Die Verhandlungen mit dem Senat sind abgeschlossen. Übermorgen wird er seinen Triumphzug bekommen.“ Er hielt kurz inne. „Und du wirst ihn begleiten.“ Ich sah ihn verwundert an. „Ich?“ „Ja, du. Du wirst ihm den Lorbeerkranz aufsetzen. Du wirst mit ihm auf der Quadriga fahren.“ Er hielt nochmal inne und lächelte leicht in sich hinein. „Und du wirst ihn daran erinnern, dass auch er, trotz all seiner Siege, nur ein Mensch ist.“ Ich saß ihm stumm gegenüber und wir schwiegen uns einen Moment lang an bis er fortfuhr: „Geh jetzt! Man wird dir alles zeigen und erklären, was du zu deiner Aufgabe benötigst. Mach uns Ehre.“ Ich betonte nochmals mein Bestes zu geben, dankte dem Meister und verließ den Raum.

Publius´ Gastgeber lehnte sich etwas zurück. Er atmete lange aus und faltete die Hände vor seinem Gesicht. Publius war sich nicht sicher, ob er sich langweilte, doch bevor er handeln konnte sagte sein Gastgeber: „Sehr interessant bis jetzt, fahrt bitte fort.“

„Ich erreichte das Marsfeld im Morgengrauen. Die Soldaten waren schon wach und es herrschte ein Gedränge wie in einem Ameisenhaufen. Fast alle, die ich sah, waren bestens gelaunt und eine fast bacchantische Ausgelassenheit hatte von ihnen Besitz ergriffen. Ich habe in meinem Leben viele Soldaten gesehen. Ich glaube, sie brauchen das. Sie schützen sich damit vor dem Grauen, welches die Schlachtfelder, und vor der Langweile, welche die Garnisonen für sie bereithalten. Ich meldete mich beim Wachhabenden und dieser wies mir den Weg zum Zelt des Imperators. Ich wurde von sechs Priestern begleitet, die die goldene Eichenlaubkrone[22] aus dem Tempel des Jupiter mit sich führten, die ich dem Imperator während des Triumphzuges über dem Kopfe halten würde. Liktoren[23] standen vor dem Zelt, als wir es erreichten. Sie hatten ihre Rutenbündel zum Teil in der Hand, und zum Teil standen sie neben ihnen im Gras. Einige saßen und unterhielten sich. Sie hatten an jedes Bündel eine Axt gesteckt. Eine Ehre, die innerhalb der Stadtgrenze nur einem Diktator zuteilwerden konnte. Wir warteten kurz und setzten uns in das Gras vor dem Zelt. Obwohl es noch recht früh im Jahr war, erst im zweiten

---

[22] Corona Etrusca, die goldene Eichenlaubkrone des Jupiter Optimus. Sie durfte das Haupt eines Menschen nicht berühren und wurde deswegen über ihm gehalten. Auf dem Kopf des Triumphators selbst befand sich der geflochtene Lorbeerkranz, die Corona Triumphalis.

[23] Leibwächter hoher römischer Beamter und Feldherren

Monat[24], war die Luft bereits angenehm warm. Schmetterlinge und Grillen flogen umher und letztere veranstalteten mit ihrem Zirpen ein gellendes Konzert. Nach einiger Zeit wurden wir in das Zelt gerufen. Vor uns stand, von weiteren Liktoren, Offizieren und Beamten umringt, der Imperator."

Publius´ Gastgeber straffte sich auf seinem Stuhl. „Beschreibt ihn mir!", sagte er ruhig.

„Er war nicht besonders groß", fuhr Publius fort, „aber er war einer jener Menschen, die die Aura der Macht umgibt. Um ihn standen Diener, die ihn für den Triumphzug zurechtmachten. Er trug eine bestickte Tunika als Unterkleid. Darüber wickelten ihm die Diener eine purpurfarbene Toga um den Leib. Sein Gesicht färbten sie ihm rot, wie die Statuen des Jupiter. Sein Gesicht hatte scharfe Züge und wurde von einer markanten Nase geprägt und in seinen Augen mischten sich jene Entschlossenheit und Klugheit, die ihn heute an diese Stelle geführt hatten. Sein Haupt krönte ein Lorbeerkranz. Er sah aus wie Jupiter selbst, oder wie einer der alten Könige, wie er so da stand. Noch heute kann ich, wenn ich an ihn denke, die Ehrfurcht nicht verleugnen, die ich vor ihm empfand."

„Ich kenne das Gefühl, das du beschreibst", antwortete der Mann mit der Kapuze nachdenklich, den Blick nach innen gekehrt. „Ich hatte einen Bruder. Er war ähnlich. Auch ihn hatten die Götter überreich beschenkt mit ihren Gaben. Leider

---

[24] Der erste Monat im römischen Kalender war der März, hier muss daher der April gemeint sein.

war er aber auch hochmütig, und je weiter sein Ruhm wuchs, desto größer wurde sein Hochmut." Er blickte wieder auf und sprach, mehr zu sich selbst: „Aber was die Götter vorschnell geben, nehmen sie auch wieder. Mein Bruder, was für ein Caesar hättest du werden können! So liegen deine Gebeine in steinernen Grüften und ein Sturz vom Pferd in den düsteren Wäldern Germaniens, statt imperialer Herrlichkeit, war das Ende deines Lebens. Aber ich schweife ab. Fahr bitte fort."

„Der Imperator sah mich kurz an, während er angekleidet wurde. Die rote Farbe in seinem Gesicht verhinderte, dass ich seinen Gesichtsausdruck erfassen konnte. Aber er sprach mich an: „Du bist also der Diener des Jupiter, geschickt um mich zu mahnen?", fragte er fast amüsiert. „Ja, das bin ich, Imperator, Publius Servilius ist mein Name", antwortete ich schüchtern. „Gut, dann wollen wir nicht lange zögern, halte dich bereit." Mit einer Handbewegung bedeutete er mir wieder zu gehen und ich schritt durch den Eingang zurück nach draußen, wo ich mich abermals ins Gras setzte und wartete. Die Legionäre bereiteten sich auf den Zug durch die Stadt vor und formierten sich nach und nach. Ich sah Gruppen von Gefangenen, die auch im Zug mitmarschieren würden und Beutewagen, welche dem Volk auf den Straßen den Reichtum zeigen sollte, den der Imperator für Rom errungen hatte. Nach einiger Zeit erschien die Quadriga[25], auf welcher der Imperator fahren und die Huldigung des Volkes und der Senatoren entgegennehmen sollte. Der Fahrer hatte kurz Mühe die davor gespannten,

---

[25] Vierspänniger Streitwagen

makellosen, weißen Rosse zu bändigen, aber es gelang ihm schnell und so schritt der Imperator kurze Zeit später aus dem Zelt und bestieg hinter dem Wagenlenker die Quadriga. Er sah nun vollends aus wie die Verkörperung Jupiters selbst. In der linken Hand trug er einen Stab aus Elfenbein, auf dessen Spitze ein goldener, römischer Adler angebracht war, in der Rechten einen Lorbeerzweig, vom gleichen Baum wie der Kranz auf seinem Kopf. Gemessenen Schrittes stieg er auf den Wagen und sah mich streng an. Ich beeilte mich ebenfalls aufzusteigen, nahm die Jupiterkrone und stellte mich hinter ihn. Mit einem Ruck zogen die bereits nervös tänzelnden Pferde den Wagen an. Wir fuhren Reihe um Reihe an den aufgestellten Kohorten vorbei, die sich für den Zug formiert hatten. Sie waren alle unbewaffnet und trugen Togen, wie ihr Feldherr selbst. Ein seltsamer Anblick dachte ich. Eine ganze Armee ohne Waffen, was für einen friedlichen Anblick sie boten, wie sie lachten und scherzten, vor denen sonst die Welt erzitterte. Schließlich erreichten wir unseren Platz. Vor uns am Beginn des Zuges sah ich die Senatoren in ihren unverwechselbaren, purpurnen Togen, für die der Imperator nur einen verachtenden Blick übrig hatte, dahinter die Magistrate und eine große Zahl von Musikanten und Schauspielern, welche die Siege des Imperators den Massen noch einmal vor Augen führen sollten. Hinter den Musikanten waren die Kriegsgefangenen ausgestellt. Am auffälligsten war ein Barbarenkönig aus dem Norden, aus Gallien. Während alle anderen verhärmt und gebeugt sich dahinschleppten, stand er aufrecht und erhobenen Hauptes. Er wagte es sogar, dem Imperator einen hochmütigen Blick zu zuwerfen. Die ganze

Zeit über habe ich diesen Blick aus seinen blauen Augen und die Würde seiner Haltung selbst jetzt, im Zeichen des totalen Sieges seines Gegners, bewundert. Selbst als einer seiner Wächter ihn mit einer Stange schlug ob seiner Unbotmäßigkeit, blickte er weiter zu uns herüber und wandte sich erst nach einem Moment wieder ab. „Er war ein gewaltiger Fürst in seinem Land, und er hätte uns vielleicht besiegen können, aber es ist am Ende nicht rohe Kraft, sondern Klugheit und noch wichtiger Organisation und Disziplin, welche manche siegen, andere aber untergehen lassen. Merke dir das, vielleicht hilft es dir irgendwann." Ich war so überrascht, als der Imperator mich ansprach, dass ich vor Schreck fast nach hinten vom Wagen gefallen wäre. Wie gebannt starrte ich ihn an und nuschelte hervor: „Vae victis[26]". Der Imperator lächelte warmherzig, fast väterlich, sah mich kurz musternd an und drehte sich dann wieder nach vorne. Unmittelbar vor uns, hinter den Gefangenen gingen die Liktoren. 24 an der Zahl sahen sie mit ihren Rutenbündel und den daran befestigten Äxten fast unwirklich beherrscht aus, kein Muskel, so schien mir, zuckte in ihren Gesichtern. Hinter uns schlossen sich die Truppen an und langsam setzte sich der Zug in Bewegung. Insgesamt war er wohl mehr als eine Meile lang. Ich hielt die Jupiterkrone über den Kopf des Imperators, als wir uns dem Pomerium näherten. Schon dort erwartete uns eine ungeheure Anzahl an Menschen, die Zweige und Fahnen schwenkten und laut und immer wieder „Io triumphe" brüllten. Die Legionäre hinter uns antworteten mit dem Singen von Liedern, von denen

---

[26] Wehe den Besiegten

einige den Imperator aufs Korn nahmen. Ich erinnere mich noch an eines: „Bürger bringt die Frauen weg, den kahlen Verführer bringen wir." Ich wunderte mich, dass ihn dies nicht zu stören schien, obwohl sein Haar tatsächlich nur noch spärlich wuchs. Und auch seine ungehemmte Virilität war bestenfalls ein schlecht gehütetes Geheimnis."

„Und er hat sich völlig ruhig verhalten, trotz solchen Spottes?", fragte der Mann im Stuhl. „Ja, das hat er. Es schien ihn fast ein wenig zu amüsieren, im Moment des Triumphes nicht nur Anbetung, sondern auch den Spott zu hören. „Lass sie spotten", sagte er zu mir, meine Gedanken erratend. „Sie haben viele Jahre gekämpft und gelitten mit mir, es ist seit alters her ihr Recht."

Als wir das Pomerium erreichten, begann ich, wie mir aufgetragen war, den Imperator an seine Sterblichkeit zu erinnern. Besser gesagt, ich versuchte es, denn mit einem Male war mir der Mund so trocken, dass ich keinen Ton herausbrachte. Ich traute mich nicht, mich zu räuspern und so dauerte es einige Zeit, bis ich meine Stimme wiederfand. Zitternd vor Aufregung flüsterte ich ihm von hinten ins Ohr, in dem sicheren Glauben, dass der Lärm und der Jubel der Massen meine Stimme ohnehin übertönen würde: „Gedenke, dass du sterblich bist!"[27] Er drehte sich um, wohl erstaunt, ob der Verzögerung und sah mich wieder mit diesem wohlwollenden Lächeln an. Er zog spielerisch eine

[27] Wörtlich „Memento moriendum esse!", später wurde daraus die bekanntere Variante „Memento mori!".

Augenbraue hoch und sagte dann belustigt: „So sehr ich es bedauere, ich fürchte du hast recht“, und drehte sich wieder nach vorn. Der Zug erreichte nach kurzer Zeit durch die Porta Triumphalis das Forum Boarium. Große hölzerne, mit Blumenkränzen geschmückte Bögen säumten in unregelmäßigen Abständen unseren Weg. Später sollte erst ein steinerner errichtet werden. Der Zug ging weiter und wir erreichten den Circus Maximus. Bereits hier begannen meine Arme unter dem Gewicht der Krone, welche ich immer noch trug, wie Feuer zu brennen und ich fürchtete, dass sie mir den Dienst versagen würden und ich sie fallen lassen müsste. Ich winkelte die Arme etwas an, so dass ich das Gewicht nicht mehr ganz so spürte, biss die Zähne zusammen und hielt sie weiter über seinen Kopf. Dabei wiederholte ich monoton im geringen Abstand meine Mahnung. Ich fragte mich, ob er sie Angesichts des Anblicks, der sich ihm bot, und der tausenden jubelnden Menschen, der Senatoren, seiner reichen Beute und seiner siegreichen Armee glaubte oder zumindest für diesen Moment als das dumme Geschwätz besserwisserischer Priester abtat. Ich hätte wohl letzteres getan.

Nach dem Circus erreichten wir das Forum Romanum, wo der Zug kurz innehielt, weil einer der Ochsen, der einen Wagen mit Kriegsbeute zog, in Panik geriet, aber nach kurzer Zeit wieder beruhigt werden konnte. Es war nun schon früher Nachmittag und die Sonne brannte heiß auf die Prozession. Ich schwitzte erbärmlich und ein Blick auf den Imperator unter seiner dicken Toga zeigte mir, dass es ihm nicht anders ging. Als gegen Mitte des Nachmittages ein leichter Wind einsetzte, begrüßte ich ihn mit ungeheurer Freude und Erleichterung. Es war unglaublich, wie langsam der Zug sich fortbewegte, eine Langsamkeit, die wohl allen Prozessionen eigen ist. So erreichten wir erst gegen Abend den Tempel des Jupiter Optimus am Kapitol. Zwei weiße Ochsen, die im Zuge mitgeführt worden waren, wurden als Opfer zum Tempel gebracht. Feierlich trat der Imperator von der Quadriga und ging zu Fuß die letzten Stufen seines Triumphes hinauf. Vor dem Altar angekommen, hielt er kurz inne. Die Priester des Jupiter hatten die Opfergaben vorbereitet, und er vollzog das Opfer an den Vater der Götter mit großer Ehrfurcht. Bescheiden senkte er das Haupt während der Zeremonie, und auch als diese bereits beendet war, blieb er noch sinnierend einen Moment stehen. Als er sich wieder umdrehte und die Arme hob, brandete der Jubel des Volkes so laut auf, dass mir die Ohren schmerzten. Als ich auf die kochende Menge sah, die Emotion wahrnahm, die dieser Mann im Volk auslöste, fragte ich mich völlig überwältigt kurz, ob ich Recht gehabt hatte mit meiner Mahnung, oder ob nicht jemand vor mir stand, der gewaltiger war als die anderen. Aber das war das törichte Gedankenspiel eines jungen Mannes, der sich von den Eindrücken und der Zurschaustellung der Macht blenden ließ. Brutus und Cassius zeigten, das auch dieser Titan unter den Menschen sterblich war. Zumindest, was seinen Körper betraf", fügte Publius hastig noch dazu. Sein Gastgeber sah ihn unter der Kapuze an. „Als ich entlassen wurde, gab mir ein Diener einen Beutel Geldes und ein letztes Mal kreuzten sich unsere Blicke. Er sah mich aufmunternd an. Wie er dort stand in seinem Ornat, fast glaubte ich, einen der Könige Roms dort stehen zusehen. Und immer noch berauscht von den Eindrücken des Tages sagte ich ohne nachzudenken: „Habt dank, mein König.“ Bevor ich meinen Fehler korrigieren konnte, lachte er und entgegnete mir: „Lebwohl Servilius, ich danke dir für deine Mahnung.“ Als er sich wegdrehte und ich ihn verließ, war das schelmische Grinsen noch nicht von seinem Antlitz verschwunden. Ich verbrachte den Rest der Nacht im Rausche der Feiern in der Stadt. Ich trank und stellte mir vor, kindisch der ich war, selbst einmal Triumphator zu sein. Doch die Träume waren zu kühn, und als ich nach dem Fest erwachte, lief die Welt weiter wie bisher. Bis zum heutigen Tage.“

Der Mann auf dem Stuhl erhob sich. Er ging zu einem Fresko an der Wand, das die lorbeerumkränzten Häupter der römischen Helden zeigte. Vor einem blieb er länger stehen und sah darauf. Er nahm die Kapuze ab und darunter kam das Haupt eines älteren Mannes zum Vorschein. Publius schätze ihn auf kurz vor dem sechzigsten Lebensjahr. Das Gesicht wirkte trotz seines Alters jugendlich. „Ich danke dir sehr für deine Erzählung Publius. Man kann aus der Vergangenheit viel lernen. Wehe dem, der nach der Krone schielt“, er lachte kurz „aber es ist nicht so, dass man mit der richtigen Verpackung nicht alles verkaufen könnte, auch einen König einem Volk von Republikanern. Du kannst jetzt nach Hause. Die Männer, die dich brachten werden dich geleiten und sei unbesorgt, es soll dir kein Leid geschehen. Ich will dich entlohnen für deine Geschichte.“ Er nahm einen Beutel vom Tisch und gab ihn Publius. Der Beutel war aus weichem Leder und fühlte sich schwer an von den Münzen darin. Eine Schrift war in das Leder geprägt. „Es wird dir dein Leben erleichtern", „Danke, Herr." entgegnete Publius. „Ich beneide dich etwas", sprach der Mann weiter „Du hast einen Moment der Unsterblichkeit erlebt." Publius wusste nicht, was er sagen sollte. „Geh jetzt, es ist spät, alte Männer wie wir sollten schlafen um diese Zeit", sagte der Mann mit einem freundlichen Lachen. Wie auf ein unsichtbares Zeichen kam der Anführer der Reiter ins Zimmer und bat Publius ihm zu folgen. Fragend seinen Gastgeber ein letztes Mal ansehend gehorchte Publius. Kurz bevor ihm die Augenbinde angelegt wurde, fiel sein Blick auf den Lederbeutel in seiner Hand. Unter dem Adler sah er die goldenen Lettern, TIB AUG.

Seht, England ist in meiner Hand!

Am 5. Januar 1066 starb der englische König Eduard der Bekenner kinderlos in London. Drei Fürsten erhoben daraufhin Anspruch auf den englischen Thron. Harold Godwinson, Sohn eines mächtigen angelsächsischen Adeligen, Harald Hardrada, der König von Norwegen und Wilhelm, der Herzog von der Normandie. Sie alle behaupteten, Eduard habe sie zu seinem Nachfolger ernannt und sahen sich demzufolge als rechtmäßige Könige von England. Der Witangemot, der angelsächsische Adelsrat, wählte schließlich Harold als einen der ihren zum König. Daraufhin zogen die beiden anderen gegen England in der Krieg. Harald landete in Nordengland, unterstützt von Harolds verräterischem Bruder Tostig, wurde aber von Harold bei Stamford Bridge in Yorkshire geschlagen. Dort erfuhr Harold, dass Wilhelm in Sussex gelandet sei. In Gewaltmärschen ließ er sein Heer nach Süden marschieren und stellte sich den Invasoren bei der Stadt Hastings an einem Hügel namens Senlac Hill zur Schlacht.

„Der verfluchte Wind muss doch irgendwann drehen!“, knirschte Jehan, mein Freund und Unteroffizier der Bogenschützen, mit einem verzweifelten Blick Richtung Norden über das vom Herbstwind aufgewühlte Wasser des Ärmelkanals. Mich persönlich störte er nicht. Wenn ich auch zugeben will, dass mich das mittlerweile wochen- ja monatelange Warten ebenso wie viele meiner Kameraden mehr und mehr in einen Zustand innerer Anspannung versetzte, so war ich doch jeden Morgen, an dem ich aufs Neue erfuhr, dass wir nicht würden aufbrechen können, auf eine gewisse Art erleichtert, ja fast froh, dass mir das zukünftige Schlachten einen weiteren Tag lang erspart geblieben war.

Allerdings gab es auch einige, und einen ganz besonderen, die das diametral anders sahen. Und dieserjenige, ging Tag für Tag auf die Pier und sah in den mal blauen, mal wolkenverhangenen Himmel und blickte auf das Meer hinaus. Ob er die Küste jenseits des Horizonts zu sehen glaubte? Ich denke nicht. Aber ich bin mir sicher, dass es nicht nur ein Gerücht war, dass er dort jeden Tag Gott verfluchte und ihn gleichzeitig um ein Drehen des Windes anflehte. Ob er glaubte, dass der ihn erhören würde? Und so hatte er auch heute, am 26. September wohl auf die Natur gehofft und war nach einem Blick über die im Wasser dümpelnden Schiffe an der Mündung der Somme, das Dorf St. Valery-sur-Somme und das Heerlager seiner Armee, wutschnaubend zu seinem Stab zurückgekehrt. Hätte er gewusst was käme, er wäre sicher besserer Laune gewesen.

Mich ließ seine Wut seltsam unberührt. Meine Eltern in dem kleinen Dorf Harfleur, an der Mündung der Seine, nur zwei Tagesreisen von hier, hätten sich sicherlich bekreuzigt, wenn ihr Herzog so nah an ihnen vorbei gekommen wäre. Doch ich ließ mich im jugendlichen Hochmut nicht so leicht beeindrucken. Immerhin, dachte ich, wir haben drei Dinge gemeinsam, im Geiste an den Herzog gewandt: Deine und meine Mutter, sind beide Töchter eines Gerbers. Nur, dass mein Vater ein Jäger war und deiner Herzog und Hurenbock in einem. Ohne allerdings hierbei genauere Kenntnisse über das Liebesleben meines Vaters vor und außerhalb dessen Ehe mit meiner Mutter zu besitzen. Und wir wollen beide nach England. Du schneller, ich auch gerne etwas langsamer. Ich wegen des Soldes, den du mir versprochen hast, wenn ich für dich kämpfe, und du, weil du meinst ein weiteres Reich unter deine Herrschaft zwingen zu müssen. Und wir heißen beide Wilhelm. Du Wilhelm der Bastard und ich Wilhelm aus Harfleur. Oder in normannischem Französisch, Guillaume le Batard und Guillaume d'Harfleur. Du hast es bislang weit gebracht Wilhelm, Enkel des Fulbert aus Falaise. Jedenfalls bis hierhin.

In den Wochen seit August, in denen wir nun bereit zur Abfahrt in Wartestellung lagen, hatten sich nicht nur die Tage von der Hitze des Sommers zum Wind des Herbstes gewandelt, sondern es waren auch vielerlei Nachrichten aus England eingetroffen. Nachrichten über den Kampf des englischen Königs, oder wie wir und vor allem Wilhelm es sahen, Usurpators Harold Godwinson gegen den König der Norweger Harald Hardrada im Norden des Landes in Yorkshire. Dieser stand im Bunde mit Harolds eigenem Bruder Tostig und beide glaubten genau wie Harold und Wilhelm, rechtmäßiger König von England zu sein. Ein Großteil des englischen Volkes und Adels war jedoch Harold gefolgt und so schien es durchaus möglich, dass er den Angriff im Norden würde abwehren können. Und so warteten wir. Ich liebte in dieser Zeit ein Mädchen aus dem Dorf, Isabeau. Wir liebten uns heimlich, nicht nur aus Angst vor ihren Eltern, sondern auch, weil wir beide tief innerlich wussten, dass mehr Lust und eitle Fröhlichkeit als wahre Liebe das Band waren, welches uns zusammenknüpfte. Dennoch genoss ich die Zeit mit ihr in vollen Zügen. Und so war mein Bedauern groß, als am späten Nachmittag des 27. September 1066 der sehnlichste Wunsch Wilhelms in Erfüllung ging. „Nun komm schon Guillaume!“, rief Jehan. „Was ist los?“, maulte ich leicht entnervt, als er in der niedrigen Türschwelle der Unterkunft stand und wie elektrisiert auf mich einredete. „Der Wind! Er hat sich gedreht!“ Ahnend, dass meine Zeit hier sich dem Ende zuneigte, sah ich nach draußen und sah die weißen Haufen am blauen Himmel, die nun nicht mehr von See, sondern von den Hügeln im Süden kamen. „Der Herzog hat das Einschiffen befohlen, wir segeln morgen schon“, keuchte Jehan, bevor ich ihn im Satz unterbrach. „Ich weiß“, schnauzte ich ihn an. „Also lass mich heute noch in Ruhe.“ Leicht beleidigt wirkend ob meiner mangelnden Begeisterung, sah Jehan mich kurz abschätzig an. „Nun gut, aber sieh zu, dass du morgen früh fertig bist. Wir warten nicht auf dich.“

Es wurde ein zwar leidenschaftlicher, aber kurzer Abschied von Isabeau. Wir verzichteten auf geheuchelte Schwüre uns wiederzusehen, in dem sicheren Wissen, dass es schon aufgrund mangelnden Willens wohl keines geben würde. Wir trennten uns mit einem eher gequälten Lächeln und dem schalen Gefühl eines irgendwie gebrochenen Versprechens, und so war ich letztendlich auf eine melancholische Art froh, als ich früh am nächsten Morgen, noch vor dem ersten Sonnenstrahl jenes normannische Kriegsschiff betrat, das mich nach England bringen sollte.

Die Überfahrt verlief beileibe nicht reibungslos. Immer wieder mussten sich Männer übergeben und der Geruch ihres Erbrochenen wiederum motivierte andere, es ihnen gleich zu tun. Das Schiff war ein übliches, langgezogenes Kriegsschiff, ein sogenannter Drachen. Auf jeder Seite hatte es mehrere Ruderlöcher und an seinem einzigen Mast ein großes, viereckiges Segel. Es trug neben seiner eigentlichen Besatzung von ungefähr 25 Mann inklusive der Ruderer, eine Streitmacht von vielleicht 100 Fußtruppen. Damit war das unsrige eines der größeren Schiffe von Wilhelms Flotte. Wir brauchten den ganze Tag für die Überfahrt und näherten uns gegen Spätnachmittag der englischen Küste. Einige Vortruppen waren bereits an Land gegangen und hatten an der Landungsstelle einen Brückenkopf gebildet. Auf dem Schiff neben uns, dem Flaggschiff der gesamten Flotte konnten wir Wilhelm selbst wie einen hungrigen Löwen auf- und abgehen sehen. Immer wieder ging er zum Bug und sah minutenlang nach vorne, nur um kurz darauf erratisch Befehle zu brüllen und seine Ruderer und Segelmannschaft zu schnellerer Fahrt anzutreiben. Kaum, dass der Bug sich in den Sand Englands drückte, sprang er mit dem Schwert in der Hand wie ein Held aus alten Epen an den Strand. Allerdings nur, um beim Auftreffen sogleich in einem Loch unter der Wasseroberfläche zu verschwinden und erst nach einigen Sekunden prustend und japsend daraus hervorzukriechen. Eine merkwürdige Stille breitete sich trotz der hektischen Landetätigkeiten aus und die stumme Frage lag in der Luft, ob dies vielleicht ein böses Omen war. War Gott gegen diesen Kampf? War Wilhelm am Ende gar nicht der rechtmäßige Thronerbe, sondern doch Harold, der doch gerade im Norden einen großen Sieg gegen die Norweger errungen hatte? Aber Wilhelm der Bastard wäre nicht Herzog der Normandie geworden, wenn er sich von solchen Zeichen hätte beeindrucken lassen. Die Situation erkennend, verharrte er zunächst einige Augenblicke auf allen Vieren, um sich dann fast schon theatralisch aber behende zu erheben. In der Rechten immer noch sein Schwert haltend, erhob er die Linke zum Himmel und hob den Kopf wie ein brüllender Löwe. Die Aufmerksamkeit seiner Männer ausnutzend, öffnete er die linke Hand, welche voll von nassem Sand war und rief mit lauter, kräftiger Stimme: „Seht her Männer, England ist in meiner Hand!“. Im aufbrausenden Jubel schien die Herbstsonne auf sein Gesicht und umspielte das Lächeln desjenigen, der sich für einen Auserwählten hielt. „Nicht schlecht“, schmunzelte ich anerkennend in mich hinein, nahm mein Bündel und verließ gleich nach dem Anlegen mit der Rest meiner Einheit das Schiff, um zum ersten Mal im Leben englischen Boden zu betreten.

Wir erreichten das Land bei einem Dorf, welches die Engländer Pevensey nennen, marschierten aber unmittelbar darauf weiter in den nahegelegenen Ort Hastings. Ein Ort, dessen Name in England wohl nicht mehr vergessen werden wird.

Während wir binnen weniger Tage eine provisorische Holzburg errichteten, schickte Wilhelm seine Reiter aus, um die Umgebung, den Süden des alten angelsächsischen Reiches Kent zu verwüsten. Manche meiner Kameraden waren dagegen, weil sie den Zorn der Engländer bei einer eventuellen Niederlage unserer Truppen fürchteten, andere wie Jehan hielten das Vorgehen für klug, um Harold möglichst schnell zur Schlacht zu zwingen. Mich scherte es nicht, ich verspürte während dieser Herbsttage eine kaum zu beschreibende Leere und Apathie, die mich regelrecht schwermütig werden ließ und aus diesem Gefühl war mir selbst keine Befreiung möglich. Und so kam es mir gerade recht, als am 12. Oktober unsere Späher die Ankunft des Fyrd, des angelsächsischen Heeres meldeten.

Mein Vater hatte mich früh sein Handwerk gelehrt und ich war aufgrund dieser Übung von Kindesbeinen an ein guter Schütze geworden, der mit dem Bogen wohl umgehen konnte. Und als solcher glücklicherweise nicht unmittelbar in der ersten Reihe, sondern hinter den eigenen Truppen eingesetzt war. Falls es mit der Eroberung klappen sollte, sah ich daher gute Chancen, diese auch zu erleben.

Der Morgen des 14. Oktober 1066 war nass und kalt. Dennoch hatte ich an diesem Tag, anders als sonst, keine Probleme aufzustehen, sondern war im Gegenteil bereits weit vor dem Wecken wach. Einige Zeit horchte ich noch auf die gleichmäßigen Atemzüge der Männer neben mir, bevor ich mich erhob, um mein Wasser abzuschlagen und etwas zu trinken. Die Wache am Feuer grüßte mich träge und als ich zurückkam erhob sie sich, um durch ein Läuten die Soldaten aus ihrem Schlaf zu wecken. Heute zum Tag der Schlacht von Hastings.

Unsere Aufstellung wurde von den Offizieren bereits vor Sonnenaufgang bekannt gegeben und wir wurden zu einem kurzen Frühstück geschickt. Viele verweigerten dies jedoch, da sie glaubten, dass eine Bauchverletzung mit vollem Magen sehr viel mehr schmerzen würde, als mit leerem und es deswegen besser sei, hungrig in die Schlacht zu ziehen. Ich aß trotz dieser Befürchtungen etwas von dem bereit gestellten Brot und trank mehrere Becher Wasser, von dem ich mir einiges abfüllte, um es auf dem Schlachtfeld trinken zu können. Gleich nach der Mahlzeit marschierten wir in den Sonnenaufgang Richtung Hastings und sahen nach kurzer Zeit die englischen Truppen, die auf dem Senlac Hill, einem kleinen Hügel nicht weit von der Stadt, Stellung bezogen hatten. Von unserer Position aus konnten wir die Bauernsoldaten mit ihrer eher schlechten Bewaffnung und die englischen Huscarle, die Fußtruppen des englischen Adels, welche den Kern der Armee Harolds bildeten, bei ihrer Aufstellung und dem Bilden eines Schildwalles beobachten. Reiter waren nicht zu sehen und nur wenige Bogenschützen, insgesamt schätzte ich die englischen Soldaten auf vielleicht 5000 Mann, möglicherweise etwas mehr, gegenüber ungefähr 7000 der Unsrigen, davon 2000 gepanzerte Reiter. Auch schien mir das englische Heer, mit Ausnahme der Huscarle mehr aus gepressten Bauern und ungeübtem Stadtvolk zu bestehen, während Wilhelms Truppen, wie ich wusste, größtenteils aus

Berufskriegern oder zumindest ausgebildeten Soldaten bestanden. Ich war daher im meinem jugendlichen Leichtsinn insgesamt guten Mutes, dass es uns gelingen würde, heute England zu erobern. Wilhelm hatte seine Armee in drei Teile unterteilt. In der Mitte bildeten die Normannen das Zentrum, in welchem auch wir Stellung bezogen hatten und das von Wilhelm persönlich kommandiert wurde, während unsere bretonischen Verbündeten unter dem Grafen Alan von der Bretagne die linke Flanke bildeten. Auf der rechten Flanke standen die deutschen und flämischen Söldner, kommandiert von ihrem französischen Anführer Eustace von Boulogne. Ihm, so wollten Gerüchte wissen, vertraute Wilhelm wohl nicht ganz. So hatte er sie auch auf jenem Flügel postiert, auf dem er wohl den geringsten Widerstand erwartete. Normannische Priester liefen die Reihen auf und ab, segneten die Waffen der Männer und versprachen ihnen, dass wenn sie fallen würden für diese gute Sache, sie sogleich ins Himmelreich kämen, egal welche Sünden sie sonst begangen hätten. Gott muss dich sehr lieben Wilhelm, dachte ich bei mir, wenn er deine Sache für so gut hält, dass er dafür die Tore des Himmels öffnet.

Gegen späten Vormittag, nachdem es bereits am Morgen kurze Scharmützel gegeben hatte und Wilhelm, beritten und in voller Rüstung vor seinen Truppen eine flammende Ansprache gehalten hatte, begann die eigentliche Schlacht. Ich betete still und dachte mit wohligem Gefühl an die vergangenen Tage und insbesondere die Stunden mit Isabeau. Nur mit einem Ohr hörte ich Jehans hektisch gebrüllte Befehle und als ich aus meiner Trance erwachte, war das Gefecht bereits im vollen Gange. Wie mechanisch spannte ich die Sehne auf den Bogen und jagte im Rhythmus mit meinen Kameraden Pfeil um Pfeil in Richtung des englischen Schildwalles. Neben uns standen mehrere Abteilungen, die nicht mit Bögen, sondern mit einer neuen Waffe, der sogenannten Armbrust ausgerüstet waren. Diese Waffe, die einem auf einem Schaft liegenden kleineren Bogen ähnelt, verschoss statt Pfeilen kurze Bolzen. Diese allerdings mit einer geradezu gespenstischen Durchschlagskraft. Darüber hinaus schien mir auch das Zielen deutlich einfacher zu sein als mit einem Bogen, so dass die Handhabung relativ einfach erlernt werden konnte. Nur in der Reichweite war sie dem Bogen noch deutlich unterlegen. Wir und die Armbrustschützen hielten unser Feuer konzentriert für ungefähr eine halbe Stunde aufrecht, ohne jedoch gegen den Schildwall der Engländer groß etwas ausrichten zu können. Unter anderem deswegen und um Pfeile zu sparen, stellten wir das Feuer danach praktisch ein. Ein weiterer Grund war, dass die Engländer offenbar tatsächlich über so gut wie keine Bogen- und schon gar keine Armbrustschützen verfügten und deswegen keine Pfeile auf uns abfeuerten, die wir hätten weiterverwenden können. Da wir nun bald mit einem Mangel an Pfeilen zu kämpfen hatten, schickte Wilhelm eine Abteilung zurück zum Tross, um weitere Munition heranzuführen. Ungefähr zu dieser Zeit, als die Schlacht noch mehr ein Abtasten als eine ernsthaft blutige Angelegenheit war, lösten sich unsere Fußsoldaten aus dem Zentrum und begannen einen Sturmangriff den Hügel hinauf. „Viel Glück!“, knurrte Jehan bissig und wir beobachteten, wie unsere Kameraden unterstützt von den Reitern gegen den Schildwall der Engländer anstürmten. Wir stellten das Feuer vollständig ein, um unsere eigenen Leute nicht zu treffen und hofften, dass der Wall der Engländer unter dem Ansturm zusammenbräche. Doch nichts dergleichen geschah, vielmehr wurden wir Zeuge, wie die Fußtruppen, genau wie die Reiter, sich langsam wieder zurückzuziehen begannen. Mitten in dieser Gemengelage brach unter den Engländern Jubel aus. Unsere Truppen zogen sich nun so schnell zurück, dass man fast von einer Flucht sprechen konnte. Schlimmer noch sah ich aus dem Augenwinkel fassungslos, wie sich der gesamte linke Flügel unserer Armee langsam nach hinten bewegte und hörte im gleichen Moment Rufe von der linken Seite. „Guillaume est mort!“, wurde rasend schnell weitergegeben und auch in unserer Abteilung kam es zu hektischen Rufen und Unordnung. „Das kann nicht sein“, ächzte Jehan. „Herzog Wilhelm ist gefallen!“, rief der Mann neben mir zu den Armbrustschützen herüber, nur um Sekunden später Jehans Faust in seinem Gesicht wiederzufinden. „Halts Maul, Schweinepriester!“, brüllte Jehan und wies mit dem Finger nach vorne wo eine Gruppe von Reitern sich der vorderen Linie näherte. Der erste sprengte heran und zog sich mit der Schwerthand den Helm vom Kopf. Es war Wilhelm. Augenblicklich verschwand die Panik aus den Augen vieler, als sie ihren Herzog sahen und auch ich selbst merkte, dass ich mich mit einem Male nicht nur deutlich wohler fühlte, sondern auch, ohne es zu merken, gedanklich nicht allzu weit von einer möglichen Flucht entfernt gewesen war. Wir schöpften neuen

Mut und während wir uns für eine weitere Salve rüsteten, sahen wir, wie Wilhelm bereits wieder zum Angriff ritt. Durch ihren Erfolg am Schildwall offenbar mutig geworden, hatten einige der Engländer den Wall verlassen und waren unseren sich zurückziehenden Truppen gefolgt, wohl um diese von hinten niederzumachen. So ohne den Schutz der Schilde und ihrer Kameraden liefen sie den Hügel hinab, wo sie von unserer, von Wilhelm selbst angeführten Kavallerie recht schnell auseinandergejagt und niedergestreckt werden konnten.

Wilhelm hatte nun offenbar die Schwäche der Engländer erkannt. Wieder ließ er die Fußtruppen vorrücken, um sie kurz danach wieder zurückzuziehen. Und erneut gingen einige der Engländer in die Falle, indem sie den Schildwall verließen und die Verfolgung aufnahmen, was sie zu leichter Beute für unsere Reiter werden ließ. Mit dieser Taktik gelang es Wilhelm schließlich zunächst den rechten und danach den linken Abschnitt des Schildwalles zunächst auszudünnen und nach und nach Breschen in die englische Linie zu schlagen.

Schließlich begannen unsere Infanteristen im Zentrum einen neuen Angriff und es gelang ihnen den ausgedünnten Wall zu durchbrechen und die dahinter stehenden Engländer in Nahkämpfe zu verwickeln. Hier zeigte sich nun die Überlegenheit von Wilhelms professionellen Soldaten gegenüber den englischen Bauerntruppen, denn Meter für Meter drängten die Normannen die Engländer langsam aber stetig zurück. Diese Nahkämpfe zogen sich den ganzen Nachmittag hin und wir mussten mehrfach die Position wechseln oder sogar das Feuer zeitweise einstellen, um nicht unsere eigenen Leute zu treffen. Gegen Spätnachmittag schien der Widerstandsgeist der Engländer langsam zu ermatten. Nur noch auf der Spitze des Hügels, wo die englischen Huscarle zusammengezogen waren, kamen unsere Männer trotz größter Mühen offenbar nicht voran. Ein von Wilhelm gesandter Reiter befahl uns, unsere letzten Pfeile nun auf diese feindliche Stellung abzufeuern. Nachdem ich drei meiner verbliebenen fünf Pfeile verschossen hatte, merkte ich beim vierten, dass dieser offenbar beim Transport beschädigt worden war, da eine der Federn zur Stabilisierung der Flugbahn fehlte. Ich überlegte kurz, ob ich ihn reparieren oder wegwerfen sollte, entschied mich dann aber dennoch, ihn in Richtung der Engländer abzuschießen. Hätte ich gewusst, was ich wenige Stunden später sehen würde, wäre ich vielleicht aufgeregt oder sogar verzagt gewesen, so aber legte ich den Pfeil so ein, dass er zumindest nach oben und nicht zur Seite abgelenkt wurde, spannte die Sehne soweit es ging und ich den Druck mit den Findern kaum noch halten konnte und ließ ihn los. Ich beobachtete seine Flugbahn so gut ich es in der Salve konnte und sah ihn sich dann zusammen mit den anderen über den Engländern, die ihre Schilde zur Abwehr hochrissen, senken. Wenige Augenblicke später hörte ich ein lautes Rufen innerhalb der englischen Einheiten, welches weitergebenen wurde und kaum, dass unsere Männer es gehört hatten, brach in unseren Reihen Jubel aus. Sofort formierten sich Infanterie und Reiterei zu einem neuen Angriff, Wilhelm vorneweg. Ich beobachtete das Schauspiel, bis ich Jehans Stimme hörte: „Seht, sie fliehen! Sie rennen wie die Hasen!“ Seine Stimme überschlug sich fast vor Adrenalin. Und tatsächlich liefen die

Männer des Fyrd davon. Einige versuchten sich mehr oder weniger geordnet zurückzuziehen, während viele einfach blind ihre Waffen wegwarfen und um ihr Leben liefen. Reiter sprengten vor unsere Linien um uns die Botschaft zu überbringen, dass Harold, der Usurpator, gefallen sei. Tiefe Erleichterung erfasste uns und nach der Anspannung des Tages fühlte ich mich mit einem Mal entsetzlich müde. Da wir ohnehin keine Pfeile mehr hatten, warteten wir an Ort und Stelle bis zum Einbruch der Dämmerung. Obwohl ein Teil der Huscarle noch bis in die Nacht Widerstand leistete, war die Schlacht entschieden. Todmüde sank ich später auf mein Lager, um mich herum die sieges- und weintrunkenen Normannen, von denen einige feierten, andere die Leichen des Schlachtfeldes fledderten und wieder andere Gott still für ihr Leben dankten. Und einige, nun ja, die lagen mit offenen, gebrochenen Augen auf dem Schlachtfeld bei Hastings. Ihre Seelen auf dem Weg ins Himmelreich, wie es ihnen vor dem Kampf versprochen worden war.

Als wir am nächsten Morgen erwachten, ließ man uns sogleich antreten. Die erste Schlacht war zwar gewonnen, aber noch nicht der Krieg. Wilhelm wollte so schnell es geht nach London marschieren. Müde, von Muskelkater und Kälte geplagt, marschierten wir los über den Senlac Hill. Überall lagen noch die Leichen der Schlacht. Als wir an den Huscarlen, die kalt und starr mit aufgerissenen Augen auf der Erde lagen vorbeikamen, schauderte mich kurz und ich konnte nicht anders als ihnen, die tapfer gekämpft hatten, innerlich meine Ehrerbietung zu erweisen.

Der Abend war milchig, neblig und kalt. Fröstelnd und noch tief geprägt von den Ereignissen der vorherigen Tage, saßen wir schweigend um unsere Feuer. Im Vergleich zu gestern, als viele sowohl Sieg als auch Überleben feierten, war es heute deutlich stiller und nur wenige sprachen und wenn, dann in leisen Tönen. Nach Einbruch der Dunkelheit gesellten sich die Knappen und Rossknechte der Reiter zu uns, damit die Wärme unserer Feuer ihnen die Kälte vertreibe, und wir selbst die Einsamkeit. Einer setzte sich zu uns, fragte ob er sein Brot am Feuer erwärmen könnte und starrte nach unserer Zustimmung mit leeren Augen in die Flammen. Dabei spielte er Gedankenverloren mit einem dünnen Stück Holz, das sich bei näherem Hinsehen als abgerochener Pfeil entpuppte. „Was machst du damit?“, fragte Jehan. Der Mann drehte den angebrochenen Pfeil langsam in der Hand und sah ihn dabei an. „Den hat mir mein Herr gegeben, Robert de Hauteville. Er kämpfte gestern nur wenige Meter vor Harold. Und dies ist der Pfeil der Harold tötete, er hat ihn ins Auge getroffen. Vielleicht kommt er ja von einem von euch. Schon seltsam, ein König, in all seiner Herrlichkeit gefällt von einem kaputten Pfeil. Manchmal stolpern sie, die Welten bewegen wollen, tatsächlich über Strohhalme.“ Mit diesen Worten gab er ihn herum und bevor ich ihn erhielt, wusste ich, dass es der meine war. Ich sagte nichts und gab ihn wortlos an meinen Nebenmann, ohne meine Augen von der fehlenden Feder am Ende zu lassen.

Als wir am nächsten Morgen weitermarschierten ritt Wilhelm an uns vorbei. Er hielt kurz inne. „Männer, ich danke euch für euer Treue. Ihr habt gestern im Kampf um England großes geleistet. Ich schulde euch etwas. Sobald, ich meinen Thron besteige, sollt ihr belohnt werden.“ Und mit diesen Worten ritt er davon. Ich blickte ihm nach und dachte bei mir: Du hast recht Wilhelm, du schuldest mir etwas. Und langsam ging ich mit meinen Kameraden weiter die Straße nach London hinunter, hinter dem Mann her, dessen Name von nun an nicht mehr der Bastard, sondern Wilhelm der Eroberer sein sollte.

Der Weg nach Indien

In der Nacht vom elften auf den zwölften Oktober 1492 sichtete der Ausguck des Schiffes Pinta aus der Flotte des Genuesers Christobal Colon oder auch Christoph Kolumbus, der in spanischen, genauer kastilischen Diensten stand, zu ersten Mal die Karibikinsel Guanahani, welche von den Spaniern nach ihrer Ankunft San Salvador genannt wurde.

Seine Mutter schrie bei der Geburt. So laut, dass die Nachbarsfrau hereinstürzte, weil sie dachte die junge Frau läge im Sterben. Schnell hatte sie jedoch die Lage erkannt und schickte eines der Kinder los, um warmes Wasser und Decken zu holen und der Hebamme Bescheid zu sagen, welche auch alsbald eintraf.

„Beruhigt euch Maria, es wird nicht lange wehtun", sprach die Hebamme mit ruhiger Stimme auf die schwitzende und keuchende Frau ein. „Außerdem kennt ihr es doch, ihr habt doch schon zwei Söhne geboren. Dieses hier wird nicht mehr wehtun als der letzte. So sind sie eben die Kinder, wollen mit dem Kopf voraus durch die Wand ins Leben."

Sie strich Marias Stirne mit einem feuchten Tuch ab, während diese von einem erneuten Wehenschub gepackt, einen weiteren Schrei ausstieß.

„Ich weiß, aber dieses Mal kommt es mir anders vor, als wäre das Kind größer oder als ob es falsch läge." Ein erneutes Keuchen unterbrach sie.

„Ich werde es noch einmal abtasten, aber ich bin mir sicher, dass die Niederkunft ohne Probleme vonstattengehen wird. Ihr könnt ganz beruhigt sein, ihr werdet noch heute einem gesunden Kind das Leben schenken." Mit diesen Worten tastete die Hebamme langsam Bauch und Becken der in den Wehen Liegenden ab. Vorsichtig horchte sie und fühlte mit ihren Händen langsam das im Geburtskanal liegende Kind. Sie konnte deutlich seine Bewegungen unter der Haut der Mutter spüren und war sich bald sicher, dass die Geburt relativ komplikationslos verlaufen würde.

„Haltet durch Maria, gleich ist es soweit." Die werdende Mutter atmete immer schneller, nur ein lautes Stöhnen unterbrach von Zeit zu Zeit das Schweigen in der Fischerhütte. Die Hebamme schickte die Kinder hinaus und trug ihnen auf, den Priester zu holen, und diese machten sich schnellen Schrittes auf den Weg. Die Nachbarsfrau brachte in der Zwischenzeit neues Wasser heran und ungefähr eine Stunde später hörte man aus dem Raum erst einen markerschütternden Schrei und gleich darauf das Weinen eines neugeborenen Kindes.

„Herzlichen Glückwunsch Maria", sagte die Hebamme zu der erschöpft und erwartungsvoll aufblickenden Frau, während sie das Kind in ein weißes Leinen wickelte. „Ihr habt einen gesunden Jungen geboren. Seht ihn euch an, rosiger und kräftiger geht es ja kaum. Kein Wunder, dass er euch solche Schmerzen verursacht hat." Maria lächelte glücklich, als der Priester die dunkle Stube betrat. „Gott meint es gut mit euch und eurem Mann, schon wieder ein Sohn. Jetzt sind es schon drei, die dem guten Rodrigo zur Hand gehen können. Bald wird das Boot zu klein für die Besatzung", fügte er mit einem Augenzwinkern hinzu. Der Priester war ein gütiger Mann, der nie um ein freundliches Wort verlegen war. „Auf welchen Namen soll ich ihn taufen?" „Nennt ihn Pedro, da er mir schwer wie ein Fels im Bauch lag. So kam es mir zumindest vor", scherzte Maria, selbst erstaunt über ihre Schlagfertigkeit. „So sei es", entgegnete der Priester und tat wie ihm geheißen.

Als er der Mutter den Jungen nach der Taufe in die Arme legte, war dieser bereits selig eingeschlafen und hatte, so schien es, vom Trubel um seine Person nichts mitbekommen. So kam es, dass sich der Fischer Rodrigo Ibanez aus Cádiz bei seiner Heimkehr am Abend als frischgebackener Vater eines Knaben wiederfand.

Pedro fühlte sein ganzes Leben lang eine innere Verbundenheit zum Meer. Zusammen mit seinem Vater und seinen Brüdern fuhr er, kaum dass er alt genug war, Tag für Tag hinaus, um die großen Schwärme von Fischen in den Wellen des Atlantiks zu jagen. Er lernte schnell das Boot zu steuern und sein Vater brachte ihm und seinen Brüdern an den Abenden bei, wie sie die Boote und Netze reparierten und Seile und Taue herstellten. So vergingen seine Kindheit und Jugend rasch, bis er im Alter von 17 Jahren zum ersten Mal auf einem der Schiffe anheuerte, welche die Küsten Spaniens und Portugals entlangfuhren, um zwischen ihnen Handel zu treiben.

„Siehst du den Horizont im Westen, Pedro?“, fragte ihn einmal einer seiner Kapitäne, ein bärbeißiger Andalusier, der aussah, als wenn er seit der Zeit der gotischen Herrschaft die Küsten und Meere beführe. „Wenn man zu weit hinausfährt, so kommt man an den Rand der Welt, da wo die Erdscheibe zu Ende ist. Das Meer dort wird immer heiβer und beginnt dann zu kochen. Man erkennt es daran, dass die Fische sich dort flach unter der Oberfläche halten und das Wasser aus der Ferne weiß aussieht. Wenn man bis dorthin gefahren ist, kehrt man um, wenn einem das Leben lieb ist. Denn es läuft von dort eine gewaltige Strömung nach Westen, die immer stärker wird und gegen die man selbst bei stärkstem Wind nicht mehr ankommt. Und schlussendlich fallen jene, die so töricht waren dorthin zu segeln, von der Erdscheibe hinab direkt in die Hölle. Darum hüte dich, mein Junge. Es wäre schade um deine Seele.“ Und er blickte Richtung Horizont, während Pedro ein leichtes Schaudern bei dem Gedanken daran, von der Erdscheibe in die ewige Finsternis herabzustürzen, nicht unterdrücken konnte. Nachdem er so einige Jahre auf Küstenschiffen und Fischerbooten verbracht hatte und dabei den Atlantik bis Galizien und das Mittelmeer bis Sizilien bereist hatte, betrat er eines Tages in der südspanischen Hafenstadt Palos eines der Schiffe der Brüder Martin und Alonso Pinzon.

Die Pinzons waren Händler und Kapitäne aus Palos, die es mit dem Küstenhandel und wie böse Zungen behaupteten, dem Schmuggel zu bescheidenem Reichtum gebracht hatten und nun über eine Flotte von zwei Schiffen verfügten. Vor allem anderen aber galten die Pinzons als ebenso wagemutig wie geschäftstüchtig, so dass sich Pedro als er hörte, dass sie Seemänner suchten, in Erwartung einer ordentlichen Heuer auf das Schiff Pinta begab. Das Schiff trug seinen Namen „die Bunte“ zurecht, da der Zahn der Zeit doch unübersehbar an ihr genagt hatte und auch die Verwendung von neuen, nicht unbedingt miteinander korrespondierenden Farben dies kaum verdecken konnte. Kaum an Bord, traf er sogleich auf einen stämmigen Seemann mit rötlichen Haaren und einer speckigen Lederkappe auf dem Kopf, der sich ihm als Alonso Pinzon vorstellte. Gefragt nach seinem Begehren und seiner wahrheitsgemäßen Antwort darauf, schlug Pinzon ihm leutselig auf die Schulter.

„Soso, Arbeit suchst du, Junge? Das trifft sich gut, wir können in der Tat noch einige Leute gebrauchen. Ich hoffe du kennst dich aus auf dem Wasser?“ Nachdem Pedro seine Erfahrungen in der Seefahrt geschildert hatte, schüttelte Pinzon bedächtig den Kopf. „Schon gut Junge, das reicht, wir nehmen dich. Wir laufen morgen mit der Flut aus. Sei daher früh genug hier. Oder besser du bleibst gleich bis morgen hier, dann kann ich auch sicher sein, dass du keinen Rückzieher machst.“ Er grinste in einer Art und Weise, die Pedro fast boshaft vorkam. „Wohin geht die Fahrt denn?“, fragte Pedro, unsicher geworden. „Das entscheidet der Admiral“, „Admiral?“, „ Ja wir fahren in einem Flottenverband von drei Schiffen. Die beiden anderen siehst du dort an der Mole.“ Er zeigt auf die beiden Schiffe neben der Pinta. Pedro betrachtete die beiden, die ebenso wie die Pinta

Karavellen waren, dreimastige Segelschiffe von vielleicht 20-25 Metern Länge. „Santa Maria und Nina heißen sie. Die Nina kommandiert mein Bruder Martin, die Santa Maria der Admiral selbst. Das erste Ziel der Reise sind die kanarischen Inseln.“ „Und die Höhe der Heuer?“ „Sie wird reichen“, sagte Pinzon und nannte die Summe. „Das wird sie wirklich“, entgegnete Pedro, der noch nie eine solche Summe Geldes bekommen hatte. „Wir sehen uns dann morgen.“ „Komm nicht zu spät, sonst fahren wir ohne dich!“, rief ihm Pinzon nach, während Pedro voller Vorfreude auf den reichen Lohn seine Schritte zu den Wirtschaften in der Stadt lenkte. Er würde nicht zu spät sein.

Die See war ruhig, als sie den Hafen verließen und ein leichter Wind ließ sie gute Fahrt machen, so dass sie wenige Wochen später die kanarischen Inseln erreichten. Hier wurden Vorräte ergänzt und Reparaturen an den Schiffen durchgeführt. Pedro und seine Kameraden genossen den Landgang auf diesen Spanien so fernen Inseln, welche erst wenige Jahre zuvor dem Königreich Kastilien einverleibt worden waren und von denen einige noch immer von ihren Ureinwohnern, den Guanchen gehalten wurden.

Nach einigen Wochen auf den Kanaren war die Flottille abfahrbereit. Der Admiral rief die Kapitäne zu sich und bald danach standen die Schiffe unter Segel und setzten Kurs nach Westen. Alonso Pinzon rief die Männer auf dem Deck zusammen. Nach einige aufmunternden Worten kam er schnell zum Kern seiner Ansprache: „Der Admiral lässt euch grüßen. Er hat uns heute das endgültige Ziel unserer Reise bekanntgegeben. Wir werden nach Indien segeln.“ Gemurmel und Zwischenrufe kamen unter den Matrosen auf. Pinzon sah dem einen Moment zu, dann hob er seine Stimme erneut: „Und wir werden nach Indien kommen, indem wir nach Westen segeln.“ Fassungslos starrten die Männer den Kapitän an. „Der Admiral sagt, dass die Erde keine Scheibe ist. Nein, sie ist vielmehr eine Kugel. Demzufolge muss man auch nach Indien kommen, indem man nach Westen segelt.“ „Das ist Wahnsinn!“, warf einer der Seeleute ein „Wir werden vom Rand der Erde alle in die Hölle stürzen.“ Seine Stimme überschlug sich fast. „Das mag sein“, entgegnete Pinzon mit ruhiger Stimme, „aber die Königin bezahlt mit harten Dukaten für eure Dienste. Außerdem werden sich, sollten wir Erfolg haben, noch in Jahrhunderten die Menschen an uns erinnern. Und nicht zuletzt“, Pinzon lächelte schelmisch, „Werden uns die Reichtümer Indiens zu Füßen liegen. Jenes Indien, wo die Straßen aus Silber und die Dächer aus Gold sind. All das wird unser sein.“ „Was nützt das Geld einem Toten?“, grummelte der Seemann mit gesenktem Blick zurück. „Wem es nicht gefällt“, Pinzon lächelte sarkastisch und machte eine ausladende Geste über die Reling zu der noch nahen Küste, „dem steht es völlig frei jederzeit zu gehen.“ Der Widerstand des Matrosen war jedoch noch nicht gebrochen. Das aus seiner Sicht sichere Ende beschwörend, wandte er sich an die restliche Besatzung in der Hoffnung, diese würden ihm beipflichten, doch als er die Gier in ihren Augen blitzen sah wusste er, dass er sein Spiel verloren hatte. Fluchend fügte er sich in sein Schicksal und begab sich mit dem Rest der Besatzung zurück an die Arbeit.

Pedro sah zurück auf die am Horizont verschwindenden Inseln und seine Gedanken schweiften zurück in seine Jugend. Er musste an die Worte des alten Kapitäns denken, die dieser ihm so viele Jahre zuvor mit auf den Weg gegeben hatte. Bilder vom Rand der Welt drängten sich in seinen Kopf und er schaffte es nur unter großen Mühen sie, wenn schon nicht zu ver-, dann doch wenigstens zurückzudrängen. Angst machte sich in ihm breit und er fragte sich still, ob er seine Heimat wohl je wiedersehen würde. Der ärgerliche Ruf des Maats ließ ihn zusammenschrecken und er beeilte sich zurück an die Arbeit zu kommen, um die Melancholie des Augenblicks aus seinem Herzen zu vertreiben.

Die Reise dauerte Monate. Tag um Tag segelten die drei Schiffe nach Westen, getrieben von einem stetigen Wind der sie gute Fahrt machen ließ. Manchmal sahen die Männer den Admiral an Deck. Ein nicht besonders großer Mann, dessen nussbraunes Haar im Winde flatterte. Der Admiral hatte stechend blaue Augen, aus denen eine unglaubliche, an Fanatismus grenzende Entschlossenheit sprach. Er jagte der Besatzung und auch Pedro nicht nur Respekt, sondern fast Angst ein und Pedro war froh, auf dem Schiff des ungleich jovialeren Kapitän Pinzon Dienst zu tun. Dieser war zwar ein harter Befehlshaber, aber wenigstens konnte man von ihm rationale Entscheidungen erwarten und musste nicht befürchten, auf irgendeinem Altar des Idealismus geopfert zu werden, sondern allerhöchstens dem Streben nach Gewinn.

Nach mehreren Wochen auf See, begann sich die Stimmung der Besatzung zu verschlechtern. Obwohl sie schon viele

Seemeilen zurückgelegt hatten, war noch immer kein Land zu sehen. Die Vorräte würden bald nicht mehr für die Rückreise reichen und in gleichem Maβe wie sie zur Neige gingen, stieg die Anspannung der Männer. Selbst der normalerweise so leutselige Pinzon wirkte von Tag zu Tag nervöser. Pedro dachte immer öfter an den Rand der Welt und ertappte sich beinahe jeden Tag dabei, wie er in das Wasser sah um zu sehen, ob es schon weiß würde. Wärmer war es schon seit Wochen geworden und so befürchtete er, dass sie den Rand der Welt bald erreichen würden.

Einige Tage später entlud sich die Spannung auf den Schiffen in offener Meuterei. Die Pinzons und einige weitere Seeleute setzten auf das Admiralsschiff über und versuchten stundenlang, den Admiral zur Umkehr zu bewegen. Dieser jedoch weigerte sich. Erst als ihm schlussendlich klar wurde, dass die Besatzung ihn im Stich lassen würde, lenkte er ein, jedoch nur unter der Bedingung, dass sie noch drei weitere Tage nach Westen segelten. Wenn sie bis dahin kein Land gesehen hätten, würden sie nach Spanien zurückkehren. Nach langem Zögern stimmten die Männer zu und die Flottille setzte ihre Reise nach Westen fort.

Die Frist verging schnell und am Abend des dritten Tages war die Besatzung voller Vorfreude auf die morgige Umkehr. Pedro löste am späten Abend den Mann im Krähennest ab. Er stieg die Wanten am Mast hoch und bezog den Ausguck. Als er sich niederließ spürte er die Wellen unter sich, die das Schiff sanft schaukeln ließen. Er blickte sich um und betrachtete die beiden anderen Schiffe, die mit ihren gut zu erkennenden

Lichtern in geringem Abstand neben der Pinta einträchtig durch die Wellen pflügten. Die warme Luft umhüllte ihn wie ein Mantel und die Lider wurden ihm schwer. Er dachte an zuhause, an die Landschaft, an den Geruch des Landes im Frühling, an seine Eltern und seine Jugend. Bilder zogen vor seinem inneren Auge vorbei, von seinen Freunden und seiner Familie, die er zurückgelassen hatte, aber auch von dem Rande der Welt, von dem er immer noch fürchtete hinunterzustürzen. Er fragte sich, wie lange die Rückreise wohl dauern möge und ob er sie gut und unbeschadet überstehen würde. Erschöpft und müde döste er schließlich ein.

Der Admiral war verzweifelt. Sollte alles umsonst gewesen sein? Würde er hier scheitern? All die Jahre, die er damit verbracht hatte die Strömungen zu beobachten und den Wind der ihnen jetzt so günstig stand, in denen er an den Höfen von Portugal und Spanien gebettelt hatte, dass man ihm die Schiffe zur Verfügung stellen möge, die er brauchte um seinen Traum zu erfüllen. Er ging unruhig in der Kajüte auf und ab. Waren seine Berechnungen am Ende falsch gewesen? Hatte er sich geirrt und die Erde war doch keine Kugel? Aber so viel sprach dafür. Schon die alten Griechen hatten es doch gewusst und in ihren Schriften festgehalten. Verzweifelt blickte er an die Decke, sank auf die Knie und begann zur Muttergottes zu beten, sie möge ihm ein Zeichen senden.

Pedro schreckte aus seinem Halbschlaf hoch. Er musste tatsächlich kurz eingenickt sein. Um ihn herum war immer noch Dunkelheit und auch das Schaukeln hatte nicht aufgehört, aber etwas war anders. Aus dem fahlen Mondlicht sah ihm ein schwarzes Augenpaar gerade ins Gesicht. Er brauchte einige Augenblicke um zu begreifen, was vor sich ging. Ein großer Vogel saß auf dem Rand des Mastkorbes. Er bewegte den Kopf von der einen auf die andere Seite und sah Pedro dabei unterbrochen an. Pedro betrachtete ihn eine kurze Zeit lang wie hypnotisiert, bis er sich endlich aus seiner Starre lösen konnte und voller Erwartung aufsprang. Er hatte das Zeichen verstanden, welches den Seefahrern seit Jahrtausenden bekannt war. Wo Vögel sind, da ist auch Land.

Er starrte hinaus in die Dunkelheit. Tatsächlich sah er knapp unter dem Horizont einen hellen Streifen auf der endlos scheinenden Wasserfläche. Konnte es das sein? War es Land, das er da sah? Er strengte seine Augen noch mehr an und spähte weiter in die Nacht. Nach einer kurzen Zeit war er sich sicher: was er dort sah, war ein Strand. Ein Strand mit Bäumen dahinter. Er holte tief Luft und drehte sich in Richtung der anderen Schiffe. Er formte mit seinen Händen einen Trichter und schrie so laut er konnte in die Nacht: „Direkt voraus, Land in Sicht!“

In seiner Kajüte sprang der Admiral auf. Hatte er richtig gehört? Doch tatsächlich da war es wieder, Land in Sicht! Mit einem Seufzer der Erleichterung sprang er auf und rannte aus der Kajüte zum Bug des Schiffes. Alle Matrosen waren auf den Beinen. Der Ausguck rief noch immer vom Mastkorb der Pinta und jetzt konnten es auch die restlichen Männer sehen. Der Admiral kniete nieder und dankte Gott, und die Besatzungen taten es im nach. Gemeinsam sangen sie das Ave Maria und Pedro stimmte mit ein, wissend, dass seine Augen etwas

Besonderes waren. Sie hatten ihn getan, den ersten Blick auf Indien. Glaubte Pedro jedenfalls. Erst später sollte klar werden, dass er tatsächlich viel mehr, nämlich eine Neue Welt gesehen hatte.

Horatio

Am 21. Oktober 1805 fand im Nordwesten der Straße von Gibraltar vor der spanischen Küste bei Kap Trafalgar, unweit von Cádiz, eine Seeschlacht zwischen der vereinigten französisch-spanischen Flotte unter Vizeadmiral Pierre Charles de Villeneuve und der englischen Flotte unter dem britischen Admiral und Seehelden Horatio Lord Nelson statt, die Schlacht von Trafalgar. Die Briten eroberten oder zerstörten über 20 feindliche Schiffe, darunter das Flaggschiff der spanischen Flotte, die Santissima Trinidad, das damals größte Kriegsschiff der Welt, ohne ein einziges eigenes zu verlieren. Am Ende war die französische Flotte vernichtet und Großbritanniens Vorherrschaft zur See sichergestellt. Lord Nelson fiel in der Schlacht, als er während des Gefechtes mit seinem Flaggschiff „Victory" gegen die französischen Schiffe „Bucentaure" und „Redoutable" von einem im Mastkorb der „Redoutable" postierten Scharfschützen tödlich getroffen wurde. Er lebte noch lange genug, um seinen größten Triumph zu erleben.

Ich liebe meine Heimat. Ich habe es immer getan und ich werde es immer tun. Ich bin in der Normandie geboren, jenem wunderschönen Landstrich an der Kanalküste, an der Apfelbäume und Hecken blühen und die Felder und steinernen

Mauern im Sommer ein grünes, für Ortsunkundige fast minoisch erscheinendes Labyrinth bilden. Bei gutem Wetter kann man von der Küste aus im Norden England sehen. Aus den Äpfeln der Bäume wird Cidre gebraut, das Nationalgetränk der Normandie. Manchmal, wenn ich an der Küste stehe und England sehe, frage ich mich, ob unser Herzog Wilhelm auch an dieser Stelle stand und auf dieses Königreich geblickt hat, das er für sich erobern wollte. Seine Nachfolger, auch der dem ich diente, sind gescheitert, wo er siegte.

Wie viele Normannen bin auch ich an der Küste groß geworden. Mein Vater war Fischer und wie er wurde auch ich Fischer. Unseren Lebensunterhalt verdienten wir Tags mit dem Fischen und des Nachts mit einer weit einträglicheren Tätigkeit, dem Schmuggel. Wir schmuggelten alles, Branntwein, Geld und von Zeit zu Zeit auch Menschen. Wir fragten sie nicht, wo sie herkamen oder warum sie nach England wollten, aber jeder von uns dachte sich seinen Teil, wenn wieder eine gute gekleidete Dame oder ein Herr, in Kleidung so teuer wie unser Boot, in der Dunkelheit an unsere Pforte klopfte und gegen ein üppiges Entgelt noch in der Nacht hinübergebracht werden wollte, auf die Insel nördlich des Kanals. Die Überfahrten waren gefährlich. Das Segeln bei Dunkelheit barg immer die Gefahr zu kentern und ohne Hoffnung auf Rettung im schmutzigen Wasser des Kanals zu ertrinken oder zu erfrieren. Die Schiffe der Royal Navy und der königlichen Marine machten Jagd auf uns, wenn sie die Absicht unserer Fahrt erkannten. Doch das alles scherte uns nicht, wenn der Preis stimmte. Für dieses Geld, das uns ein

Leben in bescheidenem Wohlstand ermöglichte, gingen wir das Risiko wieder und wieder ein.

Die Umwälzungen im Land, die Nachrichten aus Paris über die Revolution und das Ende des Königreiches berührten uns nicht. Hier auf dem Land ändert sich wenig und der alte Herr war nicht besser oder schlechter als irgendein Neuer. Aber sie waren gut fürs Geschäft. Immer öfter kamen nun die, welche früher in Reichtum und Überfluss in ihren Schlössern gelebt und das Volk wie Vieh behandelt hatten, wie Bettler in ihren einstmals prächtigen, heute zerrissenen Kleidern an. Zitternd, den Atmen der Henker und die Kälte der Guillotine im Nacken boten sie alles, was ihnen geblieben war, für die Überfahrt in die Sicherheit des britischen Königreiches. Und wir ließen sie zahlen.

Eines Tages, als wir wieder eine Familie aus einstiger Herrlichkeit in ein fremdes Land gebracht hatten, warteten wir einige Zeit auf eine Ladung Branntwein für den Rückweg. Wir warteten in einer engen Bucht und fürchteten bereits unsere Ladung würde nicht kommen. Aber wir hatten uns getäuscht. Kurz nachdem wir den ersten Schatten in der Dunkelheit erspäht hatten und angestrengt auf das vereinbarte Signal warteten, peitschte der erste Schuss durch die Nacht und eine Musketenkugel schlug dicht neben dem Steuermann in die Reling unseres Bootes ein.

Kleine Holzsplitter flogen nach allen Seiten und bevor ich einen weiteren klaren Gedanken fassen konnte, schrie Edmond, einer meiner Mitstreiter, bereits wie am Spieße, als ihm ein Treffer die Kniescheibe zertrümmerte. Mit all der Kraft, die die Todesangst zu wecken im Stande ist, schoben wir unser Boot ins Wasser und ruderten wie von Sinnen, um von der Küste weg zu kommen und damit den englischen Kugeln zu entfliehen. Ich ruderte wie ein Besessener, als ich zuerst den Schlag und kurz darauf den Schmerz in meinem linken Oberschenkel wahrnahm. Fassungslos sah ich auf das Fleisch, in das die Kugel vorne ein kreisrundes Loch geschlagen und beim Wiederaustritt auf der anderen Seite fast den gesamten Muskel mitgerissen hatte. Unfähig zu schreien, sah ich das Blut kaskadenartig aus der Wunde spritzen und es dauerte einige Augenblicke, bis der Schmerz mich zur Gänze erreichte. Mit fast betäubender Wirkung schoss er durch meine Adern und ich brüllte los wie ein verwundetes Tier. Ein so unbändiger Hass auf meine Peiniger am Ufer überkam mich, dass ich mich fast übergeben musste. Ich rief alle Flüche, die mir einfielen in die Nacht Richtung Strand, während ich vergeblich hoffte, dass der Schmerz nachlassen und die Blutung sich beruhigen möge. Die anderen sprachen kein Wort. Erst nach einiger Zeit wurde mir durch den Schleier, der mich wie Rausch verharren lies klar, warum: Ich sah, dass Edmond im Heck des Bootes mit gebrochenen Augen zum Himmel starrte. Wortlos und weinend fassten ihn die anderen unter den Armen und an den Füβen und lieβen ihn lautlos in die Wellen gleiten. Ich sprach ein Gebet, dass es mir nicht ebenso ergehen möge und ich verblutet als Fraβ für die Fische enden sollte. Nur schemenhaft spürte ich, wie meine Kameraden mein Bein mit einem alten Lappen verbanden und mir fiel in meinem Delirium nicht auf, dass Edmond diesen als Hemd vor kurzem noch am Leibe getragen hatte. Den Rest der Überfahrt verbrachte ich wimmernd und zusammengekauert im Bootsinneren. Kaum an Land schleppten mich meine Kameraden weidwund zum Haus meiner Eltern, ignorierten das entsetzte Gesicht meiner Mutter, legten mich auf meine Pritsche, und ich schlief schließlich zitternd und frierend ein.

Mein Bein brauchte Monate, bis es verheilt war und Zeit meines Lebens humpelte ich von da an ein wenig. Auch schmerzte es bei Kälte oder Anstrengung, so dass weite Märsche mir kaum noch möglich waren. Eines aber blieb mir, der Hass auf diejenigen, denen ich diese elende Existenz als halber Krüppel zu verdanken hatte, loderte in meinem Inneren vor sich hin. Mal mehr, mal weniger hell, doch ohne je zu verlöschen.

Das Leben meiner Eltern und mein eigenes in dem kleinen Nest an der Küste fing mehr und mehr an mich zu langweilen, so dass ich bald nicht mehr ein noch aus wusste und antriebslos und apathisch von Tag zu Tag dahin vegetierte. Nur fahrig und unwillig half ich meinem Vater bei der täglichen Arbeit und sehnte mich danach, meinen elenden Zustand hinter mir zu lassen und der Eintönigkeit, die mich umfing zu entfliehen. Jetzt, so viele Jahre später, ist es mir nur noch schemenhaft bewusst, wie stark letztendlich der Drang in mir wurde, aus meiner Heimat, die ich heute nicht mehr verlassen möchte, fortzugehen. Bald beherrschte dieser Gedanke mich völlig und keine Minute des Tages, so schien mir, verging, ohne dass ich über Mittel und Wege nachdachte wie ich entrinnen könnte. Und mein Tag sollte kommen.

Als die Werber des ersten Kaisers der Franzosen in unser Dorf kamen und sich die jungen Burschen versteckten oder Krankheiten vortäuschten, um dem Kriegsdienst zu entgehen stand ich morgens frohgemut auf und begrüßte sie als Freunde und Erlöser. Einen tränenreichen Abschied vermied ich, indem ich mich in der nächsten Nacht bei Dunkelheit davonstahl und meinen Eltern nichts als einige Zeilen ob meines Verbleibes zurückließ.

Da mir Gerüchte von Hunger und Elend in den Truppen in Deutschland und Italien zu Ohren kamen und ich wegen meiner Verletzung auch meinen Vorgesetzten zum Infanteriedienst ungeeignet erschien, meldete ich mich freiwillig zur Marine und wurde ob meiner Erfahrung auch dorthin beordert. So traf ich an einem heißen Sommertag, verschwitzt und müde von der Reise durch das ganze Land, im Hafen von Toulon ein.

Da meine Beinverletzung mich auch beim Aufentern in die Rahen und Masten des Schiffes, sowie bei der Bedienung der Segel zumindest behinderte, bildete man mich zum Scharfschützen aus. Ein Handwerk, welches ich nach kurzer Zeit vortrefflich beherrschte. Wir lernten die gegnerischen Offiziere auf ihren Schiffen unter den Besatzungen schnell zu erkennen und mit einem gezielten Schuss zu treffen. Nach wochenlanger Ausbildung und immer wiederkehrendem Drill in der Karstlandschaft Südfrankreichs war ich erleichtert, als die Flotte unter Admiral Pierre de Villeneuve den Befehl zum Auslaufen erhielt. Ich wurde auf die *Bucentaure* abkommandiert, dass Flaggschiff des Admirals. Wir setzten

Kurs auf die spanische Küste, wo wir uns mit der spanischen Flotte vereinigten. Gebannt starrte ich auf die spanischen Kriegsschiffe und beobachtete ihre Besatzungen, die wie Ameisen auf den riesigen Schiffen umherwuselten. Das Flaggschiff der Spanier war die *Santissima Trinidad*, das damals größte Schiff der Welt. Wie ein Gebirge wuchs sie aus den Wellen empor. Nie hätte ich gedacht, dass ich diese Königin der Meere so bald als seelenlose Hülle auf den Grund des Atlantiks[28] sinken sehen würde. Gemeinsam traten wir den Weg über den Atlantischen Ozean in das karibische Meer an, um dort gegen die Engländer, unseren einzigen verbliebenen Gegner auf den Weltmeeren, zu kämpfen und trafen dort im Frühsommer ein. Ich habe die Karibik noch heute in guter Erinnerung. Einige Tage verbrachten wir auf Martinique und genossen dort das Leben mit Rum und den Mädchen und glaubten nicht mehr daran, dass es wirklich zu einem Kampf kommen könnte. Toren, die wir waren, verdrängten wir jeden Gedanken an Krieg und Tod, wohl eine zutiefst menschliche Eigenschaft. Doch Ruhe und Frieden hielten nicht lange und ehe wir uns versahen, wurden wir auf die Schiffe zurückbefohlen und setzen Kurs zurück nach Europa. Der Admiral ließ doppelte Posten aufstellen, aus Angst die Engländer könnten uns finden. Ich fragte mich manchmal, was er eigentlich fürchtete, mit einer Flotte wie dieser. Es schien mir, dass keine Macht der Erde, auch nicht die Engländer, es

---

[28] Das Schiff sank einen Tag nach der Schlacht von Trafalgar schwer beschädigt im Sturm. Dabei wurde es geschleppt von der HMS Prince.

wagen würde, diese Masse an Schiffen anzugreifen. Ich sollte mich täuschen.

Die Wasserwüste des Ozeans erschien mir endlos. Die Monotonie des ewigen Blaus begann mich schwermütig werden zu lassen. Die Reise kam mir so viel länger vor als der Hinweg. Wir vertrieben uns die Zeit mit dem Reinigen unserer Waffen, mit Kartenspielen und Würfeln am Abend und alle drei Tage mit einem Becher voll Rum. Ich begann in jenen Tagen auf See zu fantasieren, sah die grünen normannischen Hügel vor mir und Seeungeheuer, die aus der Tiefe auftauchten, um dann als bloße Schatten unter den Wellen vom Sonnenlicht zerstoben zu werden. Trotz der Enge und der vielen Menschen an Bord befiel mich ein schwer zu beschreibendes Gefühl der Einsamkeit und Bedrückung, das nur selten und dann nur für kurze Zeit verschwand. Erleichterung fand ich erst, als wir nach Wochen endlich wieder die Küste Spaniens am Horizont auftauchen sahen.

Am 22. Juli gegen 11:00 Uhr hatten wir den ersten Feindkontakt. Bei einer kleinen Landzunge an der Küste Nordspaniens namens Kap Finisterre trafen wir auf die englischen Schiffe. Sie waren jedoch so weit entfernt, dass es bis gegen 17:00 Uhr dauerte, bis es tatsächlich zum Gefecht kam. Die Sicht war schlecht, so dass wir als Scharfschützen kaum wirken konnten, und so beschränkte sich unsere Rolle auf die von tatenlosen Zeugen eines chaotischen Seegefechts, dass am Ende, wenn es überhaupt einen Sieger fand, zugunsten der Engländer ausging, welche zwei Schiffe unserer spanischen Verbündeten kapern konnten. Wir segelten weiter nach Süden und erreichten schließlich Cádiz. Wir blieben Wochen an Land, was ich als willkommene Abwechslung von der Monotonie auf See empfand. Ich wurde von der *Bucentaure* auf ein anderes Schiff, die *Redoutable* versetzt. Innerlich war ich auf seltsame Art erleichtert den hohlwangigen Admiral nicht mehr an Bord zu haben. Irgendwie war er mir stets auf seltsame Art unangenehm und versprühte den Geist der Niederlage und des mangelnden Glücks. Die englische Flotte schloss uns bald im Hafen von Cádiz ein und von den Klippen an der Küste konnten wir bei gutem Wetter die Blockadeschiffe erkennen. Sie hielten sich immer weit genug von der Küste entfernt, aber doch in Sichtweite. Wie Raubtiere, die wollen, dass ihre Opfer sich ihrer aussichtslosen Lage bewusst sind. Und wir fühlten uns tatsächlich ein wenig wie die Beute.

Am 19. Oktober ließ Villeneuve die Flotte auslaufen. Insgesamt waren es 33 Schiffe unter seinem Kommando. Das Manöver schien uns ewig zu dauern. Der Wind stand ungünstig und immer wieder kamen sich die Schiffe gegenseitig in die Quere. Offenbar klappte auch die Kommunikation mit den spanischen Schiffen nur mangelhaft, so dass von einer geordneten Formation keine Rede sein konnte. Ich beobachtete stundelang das Schauspiel und wurde ebenso wie meine Kameraden Zeuge, wie die englischen Schiffe am Horizont unser gewahr wurden. Wir hatten in Cádiz gehört, dass Lord Nelson, der Sieger der Schlacht am Nil, persönlich die britische Flotte anführte. Ich fragte mich im Stillen, ob jemand wie Villeneuve eine Chance gegen einen solchen Mann haben würde oder ob man ein Schaf gegen einen Wolf in die Schlacht schickte. Ich genoss noch einmal den warmen Wind, der die Engländer immer näher an uns heranbrachte, sandte ein stilles Gebet zu Gott und bat ihn, mich meine Heimat wiedersehen zu lassen.

Der Lärm der Schlacht war ohrenbetäubend. Ich glaubte, nie zuvor einen solchen Krach wie das Donnern der Hunderten von Kanonen gehört zu haben. Ich sah die britischen Schiffe in zwei Säulen direkt auf uns zukommen und die Rauchschwaden und Mündungsblitze unserer Schiffe, die Breitseite um Breitseite in Richtung der Engländer schickten, ohne freilich viele Treffer zu landen. Ich spürte die Krängung, als sich die *Redoutable* nach ihrer ersten Breitseite nach links legte. Ich roch den Qualm des Pulvers gemischt mit dem Salz der Seeluft und sah nur kurz vor mir die Flammen aus einem der spanischen Schiffe schlagen. Wie riesige Ungetüme bewegten sich die englischen Schiffe auf unsere Kolonne zu und durchbrachen sie kurz vor uns. Mit gewaltigem Krachen schlugen die massigen Schiffskörper aneinander und ich konnte die Entermannschaften sehen, die sich auf unsere Schiffe schwangen und von den dortigen Verteidigern schnell in einen blutigen Nahkampf verwickelt wurden. Pulverqualm, Rauch und die Geräusche der Schlacht bildeten eine kaum zu beschreibende Melange aus Sinneseindrücken und ließen mich fast wie betäubt auf das Geschehen herunterblicken. Ich sah wie ein riesiges britisches Linienschiff hinter der „Bucentaure“ vorbeizog und deren Heck mit einer Breitseite eindeckte. Ich wunderte mich, dass überhaupt etwas dieser Walze aus Feuer und Blei wiederstehen konnte und beobachtete weiter, wie die beiden Schiffe Salve um Salve auf den jeweils anderen abfeuerten. Am Heck des britischen Schiffes konnte ich den Namen *Victory* lesen und am Besanmast erblickte ich einen Wimpel, den ich für die Admiralsflagge hielt. Langsam, ein bisschen kam es mir wie eine riesige Schildkröte vor, schob sich ein weiteres Schiff der Engländer an die *Bucentaure* vor uns heran. Es hieß *Temeraire* und war etwas kleiner als die beiden anderen Schiffe, die sich wie wütende Löwen bekämpften. Die beiden nahmen die *Bucentaure* von zwei Seiten in die Zange und Kugel um Kugel flog durch die Luft, Segeltuch, Holz, Taue und auch die Leiber der Unglücklichen auf ihrem Wege durchschlagend. Es kam mir vor, als würde das Gefecht vor uns Stunden dauern während derer wir uns fast wie in Zeitlupe den kämpfenden Schiffen näherten. Die *Bucentaure* war geschlagen, Feuer und Blei hatten ihr Werk vollendet und mir schien es, als ob sie wie ausgebrannt, entkernt, ja völlig entleert in der schäumenden Gischt davontriebe. Ich sah von meinem Posten aus, wie sich ihre beiden Bezwinger nun als nächstes uns zuwandten. In Erwartung dessen was käme, begann ich zu beten, nur kurz, aber dennoch mit einer Inbrunst, mit der ich schon lange nicht mehr gebetet hatte. Nachdem ich meine Seele Gott empfohlen hatte und die beiden englischen Schiffe sich schnell auf Schussentfernung näherten, umfasste ich meine Muskete fester und bereitete mich auf den Aufprall vor.

Der Nahkampf von Schiffe kommt einem vor wie das ungebremste Aufeinandertreffen zweier Büffelherden. Die

Vibrationen, wenn das eigene Schiff eine Breitseite abgibt, nehmen einem fast den Atem und noch Sekunden danach zitterten meine Glieder derart, dass ich kurz fürchtete von meinem Posten im Mast herunterzustürzen oder meine Muskete fallen zu lassen. Ebenso verhielt es sich, sobald unser Schiff getroffen wurde. Ich bekam Angst, dass der Mast getroffen werden könnte und mich im Fallen begrübe, doch beruhigte ich mich mit dem Gedanken, dass dies wohl ein allemal besserer Tod wäre, als ein Ertrinken im kalten Wasser des Atlantiks. Ich sah die Decksbesatzung in Panik herumlaufen und die Trümmerteile zur Seite räumen. Verwundete wurden weggetragen und die Befehle der Maate für die Geschützmannschaften unter Deck konnte ich bis auf den Mast hinauf hören. Ich sah auf der anderen Seite die englischen Besatzungen und die Entermannschaften, die sich auf der *Victory* hinter den Bordwänden in Deckung hielten und darauf warteten, dass sie nah genug kämen, um sich auf unserer Deck zu schwingen und in den Enterkampf zu kommen. Ich feuerte einige ungezielte Schüsse auf sie ab, konnte aber nicht erkennen, ob diese ihr Ziel fanden. Das Nachladen auf dem schaukelnden Mast war trotz der vorangegangen Übungseinheiten sehr schwierig und ich ließ zweimal eine Kugel herunterfallen. Der Qualm nahm mir den Atem und in Kombination mit den ständigen Erschütterungen des Schiffes wurde mir übel und ich glaubte, mich erbrechen zu müssen. Ich lehnte mich kurz nach hinten und blickte in den Himmel hinauf. Das Blau über mir hatte eine beruhigende Wirkung, und nachdem ich mehrere Male tief eingeatmet hatte, senkte ich meinen Blick wieder auf das Schlachtfeld vor mir.

Ich wusste, dass er es war, im gleichen Moment, in dem ich ihn erblickte. Der Admiral trug eine prächtige Uniform und einen Dreispitz auf dem Kopf. An diesem befestigt war eine Art Ehrenzeichen, ein federähnlicher Büschel, der mich an etwas Orientalisches erinnerte. Ich kann nicht mehr sagen, warum ausgerechnet dieser mir so genau in Erinnerung geblieben ist. Vielleicht, weil er so wenig zu der restlichen Uniform passte. Oder so keck hervorstach. Der Admiral bewegte sich in Begleitung eines anderen Mannes über das Deck. Nicht hektisch, aber zügig ging er von Ort zu Ort und verweilte jeweils kurz an einzelnen Stationen, wobei er von Zeit zu Zeit durch ein Fernrohr sah. Ich lud meine Waffe und wartete. Mit einem Male kam wie eine Welle von innen die Erinnerung an jene Nacht in England in mir hoch, und ein Gefühl des Hasses auf alle Engländer, genau wie damals in dem Boot, überflutete mich. Heute würde jemand für meine Schmerzen bezahlen. Ich war auf einmal völlig ruhig. Ich wartete angespannt bis er stehen bliebe. Er tat es zweimal, jedoch beide Male außer meiner Reichweite. Als er wieder Richtung Reling kam, hob eine leichte Welle das Schiff etwas in die Höhe. In diesem Moment stand er direkt und breit vor mir. Ich sah in sein Gesicht. Seine stahlblauen Augen, so glaubte ich, würden direkt in meine Seele sehen. Nicht ein Muskel zuckte in seinem Gesicht. Ich war so überwältigt von der Macht seines Blickes, dass ich kurz meinte, meine Kraft im Arm würde mich verlassen. Nach einer kurzen Sekunde, die mir wie eine Ewigkeit erschien, drückte ich ab.

Ich sah nicht, ob ich ihn getroffen hatte. Er zeigte keine Regung. Er sah zur Seite und ging weiter auf dem Achterdeck. Erst einige Meter weiter brach er zusammen. Ich sah wie der andere Mann zu ihm eilte und konnte noch erkennen, wie einige Matrosen ihn stützten und eine hölzerne Treppe hinuntertrugen.

Ich habe ihn nie wieder gesehen. Die *Redoutable* war schwer beschädigt und wurde durch einen am Abend aufziehenden Sturm noch weiter in Mitleidenschaft gezogen. Wir pumpten die ganze Nacht und versuchten verzweifelt das Schiff flott zu halten, mussten dieses Vorhaben jedoch am nächsten Tag wegen Aussichtslosigkeit einstellen. Mit einem Geräusch, das fast wie ein Seufzen klang, versank die *Redoutable* in den blauen Wassern des Atlantiks. Ich rettete mich mit einigen Matrosen und an Wrackteile geklammert wurden wir nach kurzer Zeit von einem französischen Schiff aufgenommen und im Zuge der allgemeinen Flucht unserer Flotte zurück nach Cádiz gebracht. Ich habe nie wieder an einer Schlacht teilgenommen.

Jetzt wo ich hier in der Heimat sitze und weiß, dass meine Zeit bald gekommen ist, denke ich oft an den Admiral. Ich bin mir sicher, nicht nur in seinem Land, sondern in vielen weiteren wird sein Name, Lord Nelson, anders als meiner, nicht in Vergessenheit geraten.

Russland ist groß, der Zar ist weit

Im Mai 1891 begann mit einem symbolischen Spatenstich durch den Zarensohn und späteren letzten Zaren Nikolaus in der Nähe von Wladiwostok am Pazifischen Ozean der Bau der transsibirischen Eisenbahn, welche 1916 mit dem Bau der Brücke über den Amur bei Chabarowsk fertiggestellt wurde. Der Bau der Bahnstrecke wurde wegen der riesigen Entfernungen Sibiriens an mehreren Orten gleichzeitig begonnen. Noch heute heißen die sechs Eisenbahnverwaltungen Sibiriens (Westsibirische-, Mittelsibirische-, Baikal-, Transbaikalische-, Amur- und Ussuribahn) nach diesen Bauabschnitten. Die Transsibirische Eisenbahn brachte Entwicklung und Wohlstand in das bis dahin nur wenig erschlossene und von nur fünf Millionen Menschen bewohnte Sibirien. Tausende Arbeiter errichteten unter teils schwersten Bedingungen die Bahnstrecke durch die Weiten Sibiriens, durch Wälder, Sümpfe, Berge und sogar den Baikalsee. Viele von ihnen waren Zwangsarbeiter, die wegen unterschiedlichster Vergehen nach Sibirien verbannt wurden.

Lass den Wodka nicht Herr über deine Sinne werden, hatte Mütterchen mir gesagt. Damals habe ich sie ausgelacht. Hätte ich doch auf sie gehört.

„Welch eine angenehme Überraschung, Alexander Grigorjewitsch! Dass ich dich so wiedersehe!“

Ich hätte mich damals umdrehen und davonrennen sollen. Oder in die Newa springen. Oder eine ansteckende Krankheit vortäuschen. Oder ihn völlig ignorieren. Doch Iwan Iwanowitsch Propuskin war nicht so leicht zu ignorieren. Bevor ich auch nur ein kurzes „Guten Tag“ hervorgepresst hatte, umarmte er mich bereits wie einen lange verlorenen Sohn und drückte mich mit einer derartigen Verve und Euphorie an sich, dass ich nicht anders konnte, als mich auf ein, wie ich hoffte, zumindest kurzes Gespräch einzulassen.

„Was macht dein Studium Alexej? Ich dachte schon, du wärest so tief in dein Examen vergraben, dass das Petersburger Studentenleben seinen Reiz für dich verloren hat.“ „Ich kann nicht klagen, danke dir. Ich denke, dass ich das Studium bald abschließen kann. Und selbst?“ Ohne auf meine Gegenfrage einzugehen, grinste er mich breit an und rief wie im Überschwang: „Das freut mich zu hören, Alexej. Du glaubst nicht, wie glücklich es mich macht dich zu sehen. Man kann sagen, dich schickt der Himmel!“ Das bezweifelte ich innerlich zutiefst, aber dennoch antwortete ich: „Zuviel der Ehre, Iwan Iwanowitsch, aber ich will dir natürlich gerne helfen. Sag mir doch, was ich für dich tun kann.“ „Eine äußerst delikate Angelegenheit, Alexej. Ich weiß nicht, ob ich hier auf offener Straße darüber sprechen kann“. Er sah sich unsicher um und ich hoffte einen Augenblick lang, dass er sich entscheiden würde, doch lieber jemand anderen zu seinem gottgesandten Retter zu erküren, leider vergebens: „Hier auf der Straße bei

dieser Kälte ist kein Gespräch möglich, Alexej. Lass uns rüber ins Gasthaus, dort werde ich dir alles erzählen. Ich kann mein Glück immer noch nicht fassen, ausgerechnet dich hier getroffen zu haben, niemand könnte mir besser helfen als du."
„Es tut mir leid mein Freund, aber ich bin zeitlich etwas knapp, ich kann leider nicht mit in die Schänke. Kannst du mir dein Problem nicht hier kurz erläutern?" Er sah mich mit einer Mischung aus Überraschung und Entrüstung an: „Alexej, ich kann nicht glauben, was du da sagst! Du versagst einem alten Freund und Studienkommilitonen deine Hilfe? Noch dazu einem, der bis zum Hals in der Klemme steckt? Und das mir? Die wir gemeinsam die Nächte durchzecht haben. Erinnerst du dich nicht an unsere Abenteuer? Keine Wirtschaft, kein Bordell von hier bis ins Baltikum war vor uns sicher. Und du versagst mir in so einem Moment deine Unterstützung? Wo wir uns hier durch mehr oder minder göttliche Fügung in die Arme laufen?" Ich versuchte seine Gesichtszüge zu lesen und fragte mich innerlich, ob ich vielleicht träumte oder ob der Kerl das tatsächlich ernst meinte. „Ich bitte dich, mäßige deine Stimme!", zischte ich, ob seiner dümmlichen Tirade bereits meinen gesellschaftlichen Untergang heraufziehen sehend. „Wenn das jemand hier hört!" Hätte ich geahnt, was noch kommt, wäre mir klar gewesen, dass dieses das deutlich kleinere Übel dargestellt hätte.

„Bratja, du kannst doch deinen alten Freund Iwan nicht so stehen lassen wie einen x-beliebigen Muschik! Was habe ich dir getan, dass du mich so behandelst?" Bevor er weiter in seinen weinerlichen Klang verfallen konnte, unterbrach ich ihn: „Nun gut, Iwan Iwanowitsch, einen Wodka trinke ich mit dir und du kannst mir dabei dein Problem erläutern. Aber danach muss ich weiter und bitte dich, mich nicht weiter aufzuhalten.“ Er strahlte über das ganze Gesicht und entblößte dabei seine Zähne wie ein jakutischer Bär. „Ich wusste, ich kann mich auf dich verlassen Alexej. Wir gehen rüber zu Gostiny Dwor, ich habe dort eine stehende Reservierung.“ Kein Wunder bei dem Umsatz, den du dem Wirt bescherst, dachte ich im Stillen bei mir, als er mir den Arm um die Schultern legte und mich über die dünne Schneedecke in Richtung des Gasthauses Gostiny Dwor zog.

„Also, Alexej“, begann er nach ausgiebigem und fast schon grotesk belanglosem Vorgeplänkel mit gesenkter Stimme, während er sich mit seinem massigen Leib über den Tisch zu mir neigte, so dass ich seinen, mittlerweile von fast einer Flasche Wodka geschwängerten Atem auf meinem Gesicht spüren konnte. „Ich habe ein, wie ich schon sagte, persönliches, aber dabei äußerst delikates Problem. Ich habe vor kurzem bei einer Soiree eines stadt-, ja sogar landesweit wohlbekannten Adeligen, dessen Namen ich dir erst später nennen will, dessen Tochter kennengelernt, Anna Petrowna.“ „Und zu dieser bist du, wie ich annehme, in tiefer inniglicher Liebe entbrannt“, bemerkte ich sarkastisch. Der Schnaps, von dem ich mittlerweile trotz aller Vorsätze zu viel getrunken hatte, lockerte meine Zunge und machte mich auf eine betörende Art und Weise entspannt und angriffslustig zugleich. Ich fühlte mich stark und allen überlegen, insbesondere dem tapsigen Propuskin, der mir wie früher seine heimlichen

Träume von Liebe und Leidenschaft vortrug, bei denen ich schon immer sicher gewesen war, dass an ihnen nicht ein Zehntel dessen dran war, was er sich erträumte und bei denen allzu oft der Wunsch Vater des Gedanken war. Während er uns nachschenkte, fuhr er fort: „Ich habe von ihr auch einige Zeichen erhalten, die ich zumindest als Interesse ihrerseits an meiner Person interpretiere. Nun überlege ich, ob ich es wohl wagen kann, mich ihr zu nähern und wenn ja, wie." Er sah mich herausfordernd an. „Ich denke ein Bote, der ihr eine Nachricht überbrächte, würde meinen Zielen in dieser Angelegenheit am besten dienen. Und deswegen Alexej, hat Gott dich heute zu mir geschickt. Deswegen wollte er, dass wir uns treffen." Seine Stimme wurde deutlicher und lauter, während er sprach, obwohl er die Wirkung des Alkohols in seiner Stimme nicht mehr verleugnen konnte. „Du wirst mein Bote sein, Alexej! Du wirst für mich ihre Liebe gewinnen und mich zum glücklichsten Menschen der Welt machen!" „Aber, aber, Wanja", entgegnete ich ihm mit einem Hauch von altväterlichem Ton in der Stimme. „Natürlich helfe ich dir gerne, wenn ich kann." Es verwirrte mich etwas, dass ich tatsächlich meinte, was ich sagte. Vielleicht lag es an seinem kindlich naiven Gesicht, oder am Wodka, oder an der Kombination der beiden, jedenfalls konnte ich mir den Effekt nicht erklären und nahm ihn stattdessen ohne zu murren hin. „Sag mir doch, um wen es sich handelt, und ich will versuchen alles zu tun, was in meiner Macht steht, um deiner Liebsten eine Botschaft von dir zukommen zu lassen." „Alexej, mein Freund, mein Bruder, ich wusste du würdest mir helfen. Wie konnte ich je an deiner aufrechten Art zweifeln. Ich wusste, dass du meine Rettung bist, in demselben Moment, in dem ich dich dort oben auf dem Newskij Prospekt entlanggehen sah." Er wirkte derartig erfreut, dass ich einen Moment lang glaubte, er plane ernsthaft, noch in dieser Nacht mit seiner Angebeteten durchzubrennen. Eine Idee, die ich geradezu als absurd empfand, ganz abgesehen davon, dass ich stark bezweifelte, dass sie zum ersten überhaupt wusste wer er war und zum zweiten irgendein, wie auch immer geartetes Interesse an ihm haben könnte. Der ungelenke Träumer, der er war. „Zuviel der Ehre, Iwan Iwanowitsch, du schmeichelst mir. Sag schlicht wer sie ist, deine Geliebte, damit ich dir, mein Freund, zu Diensten sein kann." „Es ist Anna Petrowna Stolypina." Ich spuckte vor Überraschung fast den Wodka zurück in mein Glas, welches ich gerade zum Munde geführt hatte, um einen weiteren Schluck zu nehmen, als ich den Namen hörte. „Eine Tochter des Premierministers?" Zwei Tische weiter hoben zwei dunkel gekleidete Männer fast unmerklich die Köpfe, was ich allerdings nur im Augenwinkel wahrnahm und nicht mehr zu deuten vermochte. „Genau die, die Tochter Peter Arkadijewitsch Stolypins, des ersten Ministers des Zaren." Propuskins Gesicht strahlte noch mehr, als er die Wirkung sah, welche alleine die Nennung des Namens bei mir auslöste. „Du begehrst die Tochter des Premierministers?", fragte ich ungläubig erneut. „Ganz recht, die Tochter des großen Peter Stolypin", entgegnete Propuskin, ganz so, als sei er schon mit ihr verheiratet. „Des großen Stolypin?", stammelte ich fassungslos. „Der deswegen Premierminister ist, weil er in Saratow die Bauern hat zusammenschießen lassen? Der, an dessen Händen das Blut des Volkes klebt? Der Schlächter von der Wolga?“ Propuskin sah mich entsetzt an und flüsterte mit weit aufgerissenen Augen: „Alexej, bitte mäβige dich, wenn dich jemand hört, steht morgen die Ochrana vor deiner Türe.“ Doch sein Bitten half nichts. Vom Wodka berauscht, redete ich mich immer mehr in Rage: „Die Ochrana, ich bitte dich Iwan, wir leben in Russland. Wir sind hier alle frei. Dürfen sagen was wir wollen. Meinungsfreiheit nennt sich das. Jedenfalls für die systemkonformen Meinungen“, lachte ich höhnisch. „Dank Väterchen Zar haben wir jetzt eine Duma, das Volk hat jetzt eine Vertretung. Wie fragte der Zar noch nach der Revolution letztes Jahr? Muss ich das Vertrauen des Volkes zurückgewinnen oder nicht viel eher das Volk mein Vertrauen? Ich sage dir etwas Iwan, wie ein Schleier, wie Mehltau liegt sie auf diesem Land und seinem Volk, die Unterdrückung, ja die totale Unterdrückung. Zuerst wird die freie Meinung unterdrückt. Und geschickterweise wird das geleugnet, ja es wird behauptet, es wäre in Wahrheit ganz anders, es gäbe die Meinungsfreiheit. Aber wehe jemand weicht von der Regierungs- und Systemmeinung ab, dann wird mit sozialer Vernichtung, dem Gefängnis und dem Tod gedroht. Es gibt ja sogar Gesetze, die bestimmte Meinungen zu anderen politischen Systemen verbieten. Aber die Politiker, die helfen uns“, lachte ich bitter. „Im Parlament dürfen sie ja sitzen, die sogenannte Vertreter des Volkes, welche zur Blendung des Volkes da gehalten werden. Das Stimmvieh, fett von den Trögen ihrer Apanagen und nicht Willens, etwas zu ändern. Warum auch? Welcher Hund beißt die Hand, die in füttert? Oder etwas passender, welches Schwein beißt den Bauern, der ihm das Fressen hinschüttet, auch wenn es weiß, dass es früher oder später geschlachtet wird. Wanja, die Parteien um den Zaren haben sich den Staat zur Beute gemacht. Und wenn die freie Meinung unterdrückt ist und das freie Wort, dann kommt der Rest. Dann ist die Physis dran. Dann wartet, wie ich schon sagte, die öffentliche Vernichtung, oder die Verbannung oder bei den ganz Unbelehrbaren der Tod. Alles im Namen der staatlichen Grundordnung natürlich." „Bitte, Alexej, ich flehe dich an, halt inne oder du landest im Gefängnis und ich gleich mit dir." Propuskins Ton wurde immer schriller, auch wenn er immer noch flüsterte. Aber ich war nicht zu stoppen. „Weißt du was, Iwan? Die korrupten und ekelerregenden Kreaturen, die sich unsere Politiker nennen, die müsste man alle, ohne Ausnahmen, ohne zu zögern an die Wand stellen, einen nach dem anderen und jeder soll seinem Vorgänger dabei zusehen!" Ich hatte mich mittlerweile derart in Rage geredet, dass ich die Stille um mich herum im Gasthaus nicht mehr bemerkte. „Vergiss es, Alexej, lass uns gehen, geh nach Hause und schlaf deinen Rausch aus. Vergiss, was ich dir gesagt habe, es tut mir leid." Er blickte sich ängstlich um. „Wir sehen uns sicher bald wieder, aber ich muss nun los. Bis bald." Mit diesen Worten erhob er sich und ging hastigen Schrittes Richtung Tür. Wie durch einen Nebelschleier sah ich ihn noch hinausgehen und erhob mich dann selbst, torkelte zum Ausgang und trat hinaus in die kalte Winternacht. Willenlos lief ich durch den Schnee bis zu meiner Unterkunft, ohne die beiden dunklen Gestalten zu bemerken, die mir aus dem Gasthaus gefolgt waren. Ich betrat meine Stube, sank auf mein Bett und fiel augenblicklich in einen tiefen, traumlosen Schlaf.

Sie kamen, bevor ich nüchtern wurde. Wie sediert hörte ich sie vor der Zimmertüre rufen: „Aufmachen! Polizei! Öffnen sie sofort die Türe oder wir schlagen sie ein!“ Ich sah das Holz splittern, doch unfähig mich zu bewegen, konnte ich nur als fast unbeteiligter Zuschauer erleben, wie die rohe Masse von Männern in ihren schwarzen Uniformen ins Zimmer flutete, mich anbrüllte und den Raum mit ihren Schreien ausfüllte. Wie verzerrt sah ich ihre Gesichter vor mir, wie grotesk verunstaltete Abbilder der Wirklichkeit, die Münder sich fast wie bei Fischen öffnend und schließend, ohne dass ich den Lärm bestimmten ihrer Stimmen hätte zuordnen können. Ich sah schemenhaft, wie einer der Polizisten seinen Gewehrkolben hob, sah diesen auf mich zukommen und versank in schwärzester Dunkelheit.

Das Wasser war eisig, aber es brachte mich zurück ins Leben. Ich saß auf einem hölzernen Stuhl, an dessen Beine die meinen mit schmalen Ketten gefesselt waren. Der Raum war warm und roch nach Holz und Leder. Mein Kopf schmerzte entsetzlich, und ich konnte meine Augen kaum öffnen. Nicht weit vor mir stand ein Tisch und auf diesem eine Lampe. Deren Licht brannte mir im Auge und die Kopfschmerzen wurden mit einem Male so stark, dass ich mich fast übergeben hätte. Hinter dem Tisch saß ein jugendlich wirkender Mann in der Uniform eines Polizeioffiziers. Blondes Haar umrahmte sein bartloses und sorgfältig rasiertes Gesicht. Seine ebenmäßigen Züge veränderten sich unmerklich zu einem Lächeln als er mich ansah, welches ich nicht zu interpretieren vermochte. Am auffallendsten aber waren seine Augen. Feenaugen, eines blau, eines braun. Er war einer jener Menschen, deren Antlitz man nur noch schwer vergisst, wenn man sie einmal gesehen hat. Hinter ihm stand ein weiterer Mann, augenscheinlich ein Wachtmeister mit einem gewaltigen Bart, der nach einer matten Handbewegung des Mannes am Tisch den Raum verließ.

„Ihr Name?“ Seine Stimme klang wohltuend weich, doch glaubte ich, einen Hauch von Grausamkeit aus ihr herauszuhören.

„Alexander Grigorjewitsch Pitschorin.“

„Geboren?“

„Am 2. Juli 1884.“

„Wo?“

„In St. Petersburg.“

„Beruf?“ „Erst will ich wissen, wer Sie sind. Und warum ich hier bin“, presste ich hervor, verzweifelt versuchend trotz der schrecklichen Kopfschmerzen einen klaren Gedanken fassen zu können. Er lächelte erneut.

„Ich denke, Pitschorin, es wäre weise von Ihnen zu erkennen, dass es besser für Sie ist, wenn sie zunächst auf meine Fragen antworten. Sollte sich danach Gelegenheit ergeben, können sie gerne noch einmal vortragen.“ Er sah mich an wie ein Raubtier, das nur darauf wartete seine Beute zu fassen. Ich spürte den

Blick seiner Augen auf mir ruhen und antwortete mit zittriger Stimme: „Student der Rechte an der Universität St. Petersburg."

„Student der Rechte", sagte er gedehnt, „sieh an. Und als solcher sind Sie mit den Zuständen im Land unzufrieden?" Er lehnte sich zurück und knetete seine Hände, wobei er mich unentwegt mit seinen bemerkenswerten, von mir mehr und mehr als bedrohlich empfundenen Augen ansah. Ich überlegte krampfhaft, was ich am besten tun könnte, doch die Kopfschmerzen ließen nicht zu, dass ich meine Gedanken ordnete. Mir wurde jedoch mehr und mehr der Ernst meiner Lage bewusst, und dass ich mich wohl tatsächlich in der Gewalt der Ochrana befand, der gefürchteten Geheimpolizei des Zaren. Ich entschied mich, es mit leugnen zu versuchen und antwortete:

„Nicht im Geringsten." Dabei versuchte ich, ihn möglichst trotzig anzusehen.

„Nein? Sind Sie sich sicher?" „Ja das bin ich." „Nicht mal kleinste Kritikpunkte? Wie sie doch immer und überall entstehen?" Ich sah ihn einige Augenblicke an. Sein Lächeln hatte sich verändert, einen fast sardonischen Zug erhalten. „Ja, ich bin mir sicher." „Pitschorin, es gibt wirklich nichts was Ihnen in Russland nicht gefällt?" Er hob spielerisch die Augenbraue über dem blauen seiner Augen. Ich antwortete nicht sondern sah zu Boden. Nach einigen Augenblicken des Schweigens sagte er: „Sie enttäuschen mich etwas Pitschorin, ich hatte eine andere Antwort erwartet. Ich werde ihnen jetzt etwas vorlesen, was Sie vor wenigen Stunden in einem stadtbekannten Gasthaus namens Gostiny Dwor in erhöhter Lautstärke verbreitet haben. Um es vorweg zu nehmen, es zeichnet ein etwas anderes Bild Ihrer Ansichten zu Staat und Gesellschaft."

Er las mir mit ruhiger Stimme einen offenbar vor ihm liegenden Text vor, welcher soweit ich mich noch erinnern konnte fast aufs Wort genau wiedergab, was ich im Gostiny Dwor unter dem Rausch des Alkohols zu Propuskin gesagt hatte.

„Und? Ist das von Ihnen?" Ich starrte weiter zu Boden und presste ein „Ja" hervor. In einem plötzlichen Anfall von Trotz setzte ich leiser hinterher: „Und es ist die Wahrheit!"

Für einen Moment glaubte ich, einen Schatten von Trauer über sein ausdrucksloses Gesicht gleiten zu sehen.

„Selbst wenn das so wäre, Pitschorin, ist es trotzdem immer noch gegen das Gesetz, es so zu äußern. Nicht nur Aufstachelung zum öffentlichen Aufruhr, Volksverhetzung, nein, darüber hinaus Beleidung der Regierung und damit des Zaren selbst, die so weit geht, dass man sie nur als Hochverrat bezeichnen kann."

Ich sah ihn schweigend an. „ Ich fürchte", fuhr er fort „ich kann nicht anders als Sie im Namen der Krone für diese Vergehen zu bestrafen, Ihnen dabei aber gleichzeitig die Möglichkeit zur Besserung einzuräumen."

„Das heißt?“, presste ich hervor. „Sie werden nach Sibirien geschickt, auf das sie sich dort bessern und über ihre Vergehen nachdenken können. Bevor Sie fragen, wie lange kann ich ihnen nicht sagen, das liegt nicht in meiner Macht sondern ist von den Behörden seiner kaiserlichen Majestät zu entscheiden.“

Eine Woge der Verzweiflung ließ mich zusammenfahren. Ich hoffte inständig, dass all dies ein Traum sei aus dem ich in Kürze erwachen würde. Die Gedanken drehten sich in meinem Kopf wie in einem Maelstrom und ich fühlte mich dem Zusammenbruche nahe.

Der Mann nahm eine kleine auf dem Tisch stehende Glocke und klingelte. Der Wachtmeister kam wieder herein und kettete meine Füβe los. Ich überlegte kurz, ob ich versuchen sollte zu fliehen, doch der Mann hinter dem Tisch schien meine Gedanken zu erraten.

„Versuchen Sie es nicht, Pitschorin, es würde ihnen nichts nutzen und die Reise für Sie nur unangenehmer machen“, sagte er mit sanfter Stimme.

Er ging zu einem an der hinteren Wand stehenden Bücherregal und griff scheinbar wahllos hinein. Er zog ein kleines Buch mit einem ledernen Einband hervor, strich darüber und sah gedankenverloren vor sich hin.

„Wissen sie was, Pitschorin, Sie gefallen mir. Fast könnte ich glauben, dass ich etwas von mir in Ihnen wiedererkenne. Sie werden lange fort sein, fürchte ich. Nehmen Sie das hier, vielleicht hilft es Ihnen, die Zeit etwas zu verkürzen.“ Er gab mir das Buch und gab dem Wachtmeister mit einer fast unmerklichen Kopfbewegung das Zeichen zum Aufbruch. Dieser begann sofort mich hinauszuzerren woraufhin ich verzweifelt schrie: „Eine Frage noch!“

Der Wachtmeister zog mich weiter, doch der Mann am Tisch gab ihm mit einem Handzeichen zu verstehen, dass mir diese wohl noch gestattet sei.

„Ja?“ Das seltsame traurige Lächeln lag immer noch auf seinem Gesicht.

„Wer sind Sie?“ Der Wachtmeister fuhr auf meine Frage fort mich herauszuziehen, doch der Mann gab ihm abermals ein Zeichen einzuhalten.

Er stand völlig ruhig da und sah mich an, die Hände dabei hinter dem Rücken verschränkt.

„Hauptmann Graf Alexej Alexejewitsch Ignatieff.“

Er senkte leicht den Kopf und der Wachtmeister brachte mich mit roher Gewalt endgültig aus dem Zimmer. Halb trat, halb warf er mich eine Treppe herunter auf einen Gang mit mehreren Zellen. Er schloss eine von diesen auf, schubste mich hinein und schloss die Türe hinter sich. Kälte und Dunkelheit umfingen mich. Ich setzte mich auf den Boden und begann in meiner Verzweiflung zu weinen.

Ich erwachte von einem Tritt in die Magengegend. Stöhnend blickte ich auf und sah in ein mir unbekanntes, bärtiges

Gesicht, welches ich allerdings nur schemenhaft erkennen konnte. Ich spürte zwei kräftige Hände, die mich hochrissen und hörte den Bärtigen grunzen: „Los, hoch mit Dir, beweg dich.“ Und spürte einen weiteren Tritt. Ich taumelte hoch durch die Zellentür und der Mann hinter mir schubste mich die Treppe hinauf und auf die Straße. Es war stockfinstere Nacht und bitterkalt. Vor mir stand eine geräumige Kutsche, deren hintere Türe offenstand und in der bereits einige dunkle Gestalten auf Bänken entlang der Seiten saßen. Ich sah, dass sie alle an den Füßen angekettet waren. Der Bärtige drängelte mich in den Wagen, nahm einen auf dessen Boden liegenden Ring, an welchem eine Kette befestigt war und legte ihn mir um den Fuß. Erneut schoss mir kurz der Gedanke an Flucht durch den Kopf, aber weniger der Anblick meines Wächters und die Kälte und Dunkelheit der Nacht hinderten mich daran, als vielmehr eine unwirkliche innere Leere, die mich überkommen hatte und einen mir bis dahin unbekannten Zustand der Lähmung nach sich zog, welcher es mir unmöglich machte, mich aufzuraffen und zu fliehen. Lethargisch verharrte ich auf der Bank, ohne die Gesichter neben mir wahrzunehmen. Das einzige, das mir klar vor Augen stand, war jenes des Wachmeisters, der mich höhnisch grinsend ein letztes Mal ansah.

„Gute Reise“, lachte er boshaft und schlug die Tür zu, mich und die anderen in absoluter Finsternis in dem anrumpelnden Wagen zurücklassend.

Ich kann das Grauen, welches ich auf meiner Reise erlebte, nicht mehr beschreiben, noch zur Gänze wiedergeben. Wir brauchten Monate, um mit Eisenbahn, Schiff und zu Fuß nach Sibirien zu gelangen, jeder einzelne Tag geprägt von Hunger, Erschöpfung und Tod. Was die Strapazen der Reise nicht als Tribut forderten, nahmen uns die Aufseher mit diabolischer Freude und Gehässigkeit. Sibir, die schlafende Erde, nennen die Tartaren dieses riesige Land. Eine unendliche Masse von finsteren Wäldern, schlammigen Flüssen, Felsen, Kälte und Dunkelheit. Die Wächter trieben uns schonungslos. Mit jedem Tag kamen wir weiter nach Osten, der Sonne entgegen. Welcher Hohn spricht aus diesem Wort. Brutal gingen die Schergen der Ochrana gegen uns vor. In dem sicheren Wissen, dass wir nie gegen sie würden Widerstand leisten können. Macht korrumpiert den Menschen, hatte ein Philosoph, dessen Namen mir entfallen ist, gesagt, und absolute Macht korrumpiert absolut. Ich weiß nicht, ob diese Aussage in jedem denkbaren Fall wahr ist, wenn aber doch, dann sind jene kleinen Männer, jene Kreaturen der Nacht, die ein einziges Mal im Leben Macht über andere bekommen, das beste Beispiel für ihre Richtigkeit. Ein Beweis, der keiner weiteren Führung mehr bedarf, ein Axiom der menschlichen Natur. Das Buch, welches der Graf Ignatieff mir mitgegeben hatte, war die gebundene Ausgabe der Erzählungen eines anglo-irischen Dichters namens Oscar Wilde, dessen Name mir zwar entfernt geläufig war, dessen Werke ich aber nicht gekannt, gelesen oder sonst wie mit ihnen in Berührung gekommen war. Es enthielt mehrere Geschichten unterschiedlichster Art, Märchen, wie das vom Fischer und seiner Seele und die Geschichte eines Mannes namens Dorian Gray, dessen Bildnis statt seiner altert. Mit der Zeit wurde dieses Buch mein liebster und wertvollster Besitz. In jedem der wenigen, an einer Hand abzuzählenden Augenblicke, in denen wir so etwas wie Ruhe und Muße hatten, las ich darin. Seite um Seite, Geschichte um Geschichte, in der ständigen Angst, dass einer der ungebildeten, ungehobelten Schergen, die nicht einen Meter von unserer Seite wichen und gefühlt ständig um uns waren, es mir wegnehmen könnte. Aber offenbar hatte der Bärtige ihnen damals gesagt woher es kam, denn niemand wagte es, mir das Buch abzunehmen. Fast religiöse Ehrfurcht schienen sie ihm entgegenzubringen und ein wenig davon schien auf mich abzustrahlen, denn obwohl es auch nur im Promillebereich zu bemessen war, so schien es mir doch, als wenn ich etwas besser als meine Mitgefangenen behandelt würde, nur wenig, aber doch etwas besser. Woran es lag kann ich nicht sagen, aber es war ein sich verstärkender Eindruck, je weiter uns unsere Reise nach Osten führte. Ich habe sein Gesicht nie vergessen können, dass des Grafen Ignatieff, das Lächeln darauf, das wie mir im Rückblick schien, nicht nur sardonisch, sondern fast mit der Last der Welt beladen wirkte. Nicht Tag oder Nacht vergingen, ohne dass ich sein Gesicht vor mir sah. Sei es in den Wäldern, auf den Schneefeldern, auf den Straßen, den staubigen Wegen oder sonst an einem der namenlosen Orte Sibiriens.

Einer der Aufseher, der sich durch ein besonderes Maß an Boshaftigkeit und Grausamkeit und eine fast schon kindliche Freude an der Schikane hervortat, war ein Mann aus dem Gouvernement Kiew, mit Namen Wolkow. Ich erinnere mich heute noch an sein von Warzen zerfressenes, von einer gewaltigen, vom Wodka geformten Nase gekröntes Gesicht, die ihm einen dümmlichen, dabei aber auf perfide Art verschlagenen Gesichtsausdruck verlieh. Wolkow war wohl einige Jahre älter als ich. Und er hasste mich. Aber nicht nur mich, sondern auch die anderen und bei jeder sich bietenden Gelegenheit machte er sich eine Freude und einen Spaß daraus, uns seine Macht zu zeigen. Nachdem wir, Wochen schon unterwegs, den Fluss Jenissei erreichten, war einer der älteren Sträflinge, ein Moskauer Bürger namens Sawitzkij, zu schwach geworden, um diesen zu überqueren. Er brach kurz vor dem Ufer zusammen und weigerte sich auf die Fähre zu gehen. Wolkow ging zu ihm, beugte sich über ihn und sah ihm ins Gesicht. Der alte Mann weinte und Wolkow lächelte ihn an. Er fragte: „Bist du sicher, dass du nicht weitergehen kannst? Ich würde dir nicht verdenken, wenn du liegen bleiben würdest“, setzte er giftig hinzu und schlug ihm mit der Peitsche ins Gesicht, wieder und wieder. Nach einigen Minuten des unwürdigen Schauspieles blieb Sawitzkij regungslos liegen. Wolkow zog seine Pistole und schoss ihm in die Brust. „Ich hatte gehofft, dass du liegen bliebest“, sagte er kalt, wandte sich uns zu, die wir mit Schreck weit geöffneten Mündern da standen, und trieb uns auf die Fähre. Verstört setzen wir unsere Reise fort, und mit jedem neuen Tag wuchs der Hass auf diesen Mann in mir, mit jeder neuen Bosheit, die er nicht nur mir, sondern auch meinen Mitgefangenen antat, wuchs mein Hass wie eine gewaltige Eruption, die, so glaubte ich, eines Tages aus meinem Innersten hervorbrechen würde, wie das Magma in einem Vulkan, welches durch seinen Druck Millionen Tonnen von Gestein an die Oberfläche der Erde zu schleudern vermag. Wir reisten weiter und schließlich erreichten wir die

Baustelle. Im Osten Sibiriens bauten wir Jahre um Jahre die Eisenbahn. Kies, Schwellen und Gleise legten wir in härtester Kälte, unerbittlicher Sonne, Regen, Wind und Sturm, bei mangelhafter Nahrung und ohne Obdach. Manchmal kamen wir in Dörfer, in denen die Menschen uns wohlgesonnen waren und uns ein Stück Brot zusteckten, wenn wir gar zu sehr hungerten. Ich erkannte meine Mitgefangenen nicht wieder. Wir wurden auf verschiedene Bautrupps verteilt und diejenigen, die ich kannte, starben nach kurzer Zeit. Es kamen jedoch stetig neue dazu und irgendwann merkte ich mir ihre Gesichter nicht mehr, in dem Wissen, dass ich sie ohnehin nicht lange sehen würde. Tage und Nächte, wachen und schlafen, all das wurde zum unerbittlichen Rhythmus, der jeden Tag des Lebens oder eher des Vegetierens in dieser Hölle auf Erden bestimmte. Ich hatte den Tod jeden Tag vor Augen und verlor allmählich die Hoffnung, dieser Hölle eines Tages wieder zu entkommen. In all den Jahren, in all der Zeit des Leids blieb mir nur das Buch des Grafen Ignatieff, des Mannes, der mich hierher in die Verbannung geschickt hatte. Ich hatte es mittlerweile wohl so oft gelesen, dass die Seiten herausfielen und ich mir die Worte des Autors ohne Probleme im Geiste aufsagen konnte. Doch wieder und wieder las ich die Geschichten. Ich hatte nachts lange Träume. Ich sah mein altes Leben vor mir, die Universität von Petersburg, meine Kindheit auf den Gütern meiner Familie in Pskow, meine Eltern, meine Geschwister, unser Zimmermädchen, all jene, die mich gekannt und geliebt hatten.

Ich liebe die Russen. Niemand kann so freundlich und herzensgut sein wie dieses Volk. Und niemand von solcher Grausamkeit. Manchmal glaube ich, es lebten zwei Seelen in der Russen Brust.

Wir begannen eine Brücke über den Fluss Amur zu bauen, in der Nähe der Stadt Chabarowsk, welche die beiden letzten Teilstücke der langen transsibirischen Eisenbahn miteinander verbinden würde. Eines Tages kam eine junge Frau an der Baustelle vorbei, die einen Korb mit Äpfeln trug. Sie erschien mir so schön wie ein Engel und ich betrachtete sie mit einer Mischung aus Unglauben und Verwirrung. Ich weiß nicht, ob sie wirklich so schön war, oder ob mein Geist mir nach all den Jahren in dieser gottverlassenen Einöde einen Streich spielte. Sie lächelte mich an, ging auf mich zu und gab mir einen Apfel in die Hand. Gierig griff ich danach, nahm ihn in die Hand und sah ihr ins Gesicht. Bevor ich den Apfel zum Munde führen konnte, spürte ich im Rücken einen Peitschenhieb. Ihr Gesicht versteinerte sich, ich sah mich um und der Apfel glitt mir aus der Hand. Hinter mir sah ich Wolkow, der mit einem widerlichen Grinsen, das seine fauligen ekelerregenden Zähne entblößte und sein Gesicht noch abstoßender erscheinen ließ, hinter mir stand und mich hämisch anlachte. „Nicht so gierig Pitschorin, nicht so gierig! Du willst mich doch sicher auch etwas essen lassen.“ Mit diesen Worten nahm er den Apfel, biss einmal hinein und warf ihn in den Schmutz. In diesem Moment wurde mir übel vor Hass, so übel, dass ich glaubte mich erbrechen zu müssen. Er ging auf das Mädchen zu und wollte sie anfassen. Wie ein Tier sprang ich ihn an und schlug ihm von hinten in den Nacken. Er ging kurz in die Knie, rappelte sich aber schnell wieder auf und prügelte mit der Peitsche auf mich ein wie auf einen Hund. Das Mädchen rannte davon und ich wusste nicht mehr, wie mir geschah. Ich spürte die Schmerzen. Ich merkte, wie er wie von Sinnen auf mich einschlug, wieder und wieder, doch es war mir gleichgültig. In mir war nur noch Leere und Gleichgültigkeit, sollte er mich doch erschlagen, dachte ich, schlimmer als hier zu sein, kann es nicht werden. Als er von mir abließ, blieb ich liegen und wäre wohl dort für immer liegen geblieben, wenn mich meine Mitgefangenen nicht einige Zeit später in die Baracke getragen hätten, in der wir schliefen. In den Nächten danach träumte ich von ihrem Gesicht. Schweißgebadet erwachte ich, als es zu einer grausamen Fratze sich entstellend, zu der Wolkows, vor meinem Gesicht verschwand. Ich roch den Dunst und Gestank der Unterkunft, der für mich jeden Teil dieses entsetzlichen Ortes repräsentierte. Tief in meinem Inneren schwor ich mir, dass er bezahlen würde. Es ist erstaunlich, wie Grimm und Hass die Lebensglut neu entfachen können. Ich lechzte nun förmlich nach dem Leben und arbeitete härter als je zuvor, um die Eisenbahn fertigzustellen.

Einige Zeit später kam eine Abteilung Soldaten zu uns. Ein Offizier führte sie an und wir mussten vor ihm antreten. Er erzählte uns von dem Krieg in Europa. Ich hörte mit völliger Gleichgültigkeit zu, bis auf einmal seine Worte meine Apathie fast schlagartig vertrieben. Er sagte uns Folgendes: „Ihr wisst, dass ihr euer Leben und eure Freiheit verwirkt habt, und dass der Zar in seiner Gnade euch hier zum Wohle des Reiches arbeiten lässt. In Europa herrscht Krieg und wir brauchen dort die, die kämpfen können. Sobald diese Brücke fertig ist, kann jeder der sich freiwillig meldet, nach Westen an die Front. Und nach dem Kriege werdet ihr frei sein. Jemand hier, der sich melden möchte?“ Ob mich der Tod auf dem Schlachtfeld lockte? Ich weiß es nicht mehr. Ob ich ihn herbeisehnte? Ob es mir alles gleichgültig geworden war? Auch das kann ich nicht mehr sagen. Ich sah den Mann an wie den Erlöser und hob die Hand.

Am nächsten Tag machten wir uns mit großem Eifer an die Arbeit. Der Amur ist ein breiter Fluss und wir wussten, dass mit dieser Brücke die Bahn fertig sein würde, das Werk vollendet. Selbst die Aufseher wirkten anders als sonst, es gab weniger Schikane und von Zeit zu Zeit sogar ein freundliches Wort oder einen Scherz. Wir bauten die Brücke Meter um Meter, sie wuchs schnell empor und war nach wenigen Wochen fertiggestellt. Am Nachmittag des Tages der Fertigstellung standen wir alle davor und betrachteten unser Werk. Wir wurden zum ersten Mal von unseren Aufsehern gelobt und der Bauleiter hielt eine Rede, dass uns für unsere Leistung der Dank des Vaterlandes gewiss sein würde. Welch eine Verhöhnung unseres Elends. Danach aßen wir und bereiteten uns auf unsere Abreise gen Westen vor. Auf einmal kam Wolkow auf mich zu und sagte: „Sieh her Pitschorin, da oben auf der Brücke fehlt noch das Banner des Zaren, nimm ein paar Nägel klettere dort hinauf und bring es an. Und beeile dich besser.“ Er zögerte kurz und grinste dann. „Ich werde dich dabei begleiten!“ Eine tiefe innere Angst befiel mich, doch mir blieb keine Wahl und so kletterte ich in der beginnenden Dämmerung hinauf auf den höchsten Punkt des Bogens und er folgte mir in kurzem Abstand. Niemand war mehr an der Baustelle zu sehen. Ich wollte gerade beginnen, das Banner anzunageln, als ich einen Schlag mit der Peitsche auf dem Rücken spürte. „So, Pitschorin, den letzten Tag, den wollen wir dir unvergesslich machen“, grinste Wolkows Rattengesicht mich an und er hieb weiter auf mich ein. „Schlag den Nagel ein!“, zischte er. „Oder du endest jetzt gleich da unten im Fluss.“ Unter den Hieben trieb ich den Nagel tiefer und tiefer in das Holz. Ich spürte wie das Blut mir den Rücken herunter ran und eine Schmerzwoge nach der anderen mich durchraste. Aber ich schlug weiter, und Wolkow tat es mir gleich. Als ich nach einigen Augenblicken fertig war, drehte ich mich um. Wolkow sah mich fast wehleidig an. „Gut hast du das gemacht. Zu schade, ich hätte dich gerne wegen Ungehorsams hinuntergestoßen, aber vielleicht kommt der ja noch“, und er holte erneut aus und ließ seine Peitsche niedersausen. Ich lächelte und ich glaube mein Gesicht muss ausgesehen haben, wie damals das des Grafen Ignatieff. Ich lächelte ihn an und ohne ein Wort zu sagen, nur lächelnd, trieb ich ihm den Hammer bis an das Heft in die Stirn. Ich genoss jede Sekunde, in der der Ausdruck seines widerwärtigen Gesichtes von Überraschung zu Unglauben, zu Erkenntnis und zum Tode wurde. Nie erlebte ich ein schöneres Gefühl. All die Jahre der Bitterkeit waren vergessen, als ich seine Augen brechen sah. Er stürzte in den Fluss hinunter und ich genoss jeden Augenblick des Falls. Herrlich war das Geräusch, als seine Knochen beim Aufprall im flachen Wasser des Ufers barsten.

In einem fast rauschartigen Glücksgefühl ging ich hinunter zum Fluss, nahm ihm den Hammer aus der Stirn, drückte den Körper weiter in die Strömung und schaute ihm nach, wie sein Kadaver langsam den Amur entlang in die Nacht hineintrieb. Gute Reise zum Pazifik, lachte ich innerlich albern, blickte nach oben und besah mir noch einmal die Brücke mit dem letzten Nagel in der Transsibirischen Eisenbahn.

Sie haben nichts zu verlieren als ihre Ketten

Am frühen Morgen des 9. April 1917 bestiegen ungefähr 30 russische Exilanten unter Führung des Adeligen Wladimir Iljitsch Ulljanow, genannt Lenin, einen Zug von Bern nach Zürich. Von Zürich aus begaben sie sich zu dem kleinen Dorf Gottmadingen, kurz vor dem offiziellen Grenzübergang zum Deutschen Reich, Singen. Dort wartete ein weiterer Zug auf sie. Dieser Zug bestand nur aus der Lokomotive und einem einzelnen Wagen, in welchem auf dem Boden eine Kreidelinie gezogen war, die den Innenraum in zwei Teile teilte. Während in der einen Hälfte zwei deutsche Offiziere Platz nahmen, hielten sich die Russen auf der anderen Seite der Linie. Die Reise führte über Frankfurt und Berlin nach Saßnitz auf Rügen. Dort nahmen die Russen eine Fähre nach Trelleborg, um schließlich wiederum mit dem Zug über Stockholm und Finnland kurz vor Mitternacht am 16. April 1917 den finnländischen Bahnhof in St. Petersburg zu erreichen.

„Nun steh endlich auf Lorenz!“, herrschte seine Frau ihn an. Musste sie seine Nerven morgens schon strapazieren? Reichte es nicht, dass sie ihn den Rest des Tages mit Lust anraunzte? Der königlich-badische Lokomotivführer, Lorenz Wegener schnaubte mit einer Mischung aus Ärger und Trotz und drehte sich nach rechts wieder in das Zudeck hinein. „Halt den Mund,

Frau!“, nuschelte er unter seinem Walroßschnurrbart hervor und hielt die Augen weiter geschlossen. Er hörte seine Frau weiter aus der Küche toben, und als sie den Raum betrat und die Fensterläden weit aufstieß, wusste er, dass er wie jeden Morgen den Kampf um mehr Schlaf verloren hatte.

Missmutig tappte er zum Küchentisch, ließ sich schwer auf den Holzstuhl fallen und schnaufte dabei aus. Die Gicht zog ihm in die Knochen und verdüsterte seine morgendliche Laune noch mehr als das Aufstehen. Seine Frau kam mit einer abgewetzten weißen Kanne voll Kaffee zu ihm und schüttete ihm eine Tasse voll. Lorenz griff danach und trank langsam die schwarze Brühe, um seine Lebensgeister noch etwas weiter zu wecken. „Was ist mit deinem Rücken?“, fragte seine Frau, als er das Gesicht kurz vor Schmerz verzog. „Schlecht wie immer“, brummelte Wegener ihr entgegen. „Stell Dich nicht so an, immerhin musst du so nicht zum Sterben an die Front.“ Wegener sah wortlos auf seine Kaffeetasse und hoffte, dass der Schmerz bald vorübergehen würde. „Ich muss nachher nach Singen ein paar Besorgungen machen, bin erst später wieder zurück. Da war übrigens heute Morgen schon jemand von der Bahnverwaltung hier, sollst dich schnellstmöglich dort melden, es gibt einen Auftrag für dich, ist wohl was Größeres.“ „Ahja?“, blickte Wegener auf. „Wann war der da?“ „Vorhin, als du noch seelenruhig an der Matratze gesägt hast. Also nun beeil dich, zieh dich an und dann geh los.“ Wegener erhob sich ging in sein Zimmer, warf sich in seine Uniform und verließ schon 30 Minuten später das Haus und machte sich auf den Weg zum Bahnhof.

Die Frühlingssonne war herrlich, sie wärmte bereits ein wenig, ohne dabei zu heiß zu sein, und Wegener genoss den Weg durch die Felder und die Stadt in vollen Zügen, so dass er fast wehmütig wurde, als er am Bahnhof ankam. Er war noch nicht auf der Schwelle, als ihm schon der Büroleiter entgegenkam. „Mensch, Wegener, na endlich! Wo bleiben Sie denn? Wir haben vor Stunden nach Ihnen geschickt. Der Bahnintendant wartet bereits mit zwei Herren von der Armee in seinem Büro." Wegener war verdutzt. Was könnte der Intendant wollen? Würde man ihn am Ende doch noch einziehen? Bei dem Gedanken lief ihm der Schweiß den Rücken hinunter. Nein das konnte nicht sein.

„Da sind Sie ja endlich", riss ihn die Stimme des Intendanten aus seinen Gedanken. „Kommen´s rein, Wegener."

Wegener betrat das Zimmer. Der Intendant saß wie üblich hinter seinem Schreibtisch. Sein Doppelkinn bebte vor Aufregung. Sein Gesicht mit dem grauen Schnauzer war puterrot, und trotz der morgendlichen Kühle nahm Wegener bereits Schweißtropfen darauf wahr. Er wird eines Tages am Herzschlag sterben, war sich Wegener sicher. 400 Pfund Lebendgewicht, 60 Zigaretten am Tag und Schweinebraten jeden Abend vertrugen sich nicht mit einem langen Leben.

Mit im Raum saßen auf zwei Stühlen neben dem Tisch zwei Militärs, ein Hauptmann und ein Leutnant, was nichts Ungewöhnliches war, hatte die Bahn doch seit Kriegsbeginn abertausende Soldaten transportiert. Auch Wegener selbst war bereits öfter Zugführer an die Front nach Frankreich gewesen und fragte sich beim Anblick der Männer, beides Offiziere, ob ihm ein solcher Einsatz erneut bevorstünde.

„Setzen´s sich, Wegener“, schnaufte der Intendant. „Sie fragen sich sicher zurecht, warum es heute alles so eilig ist. Nun Sie wissen ja, der Krieg verlangt uns einiges ab, auch von unserer persönlichen Zeit. Die beiden Herren hier sind von der Obersten Heeresleitung. Ihre Namen sagn´s, wären ned wichtig, aber Papiere hams. Des reicht heutzutage.“ Die Gesichter der Offiziere waren ohne Regung.

„Lassen Sie nur, Herr Intendant“, sagte der ältere der beiden, der Hauptmann. „Ich erkläre Herrn Wegener selbst seinen Auftrag. Lassen Sie mich gleich zur Sache kommen. Sie werden noch heute mit einem Ihnen zugewiesenen Zug nach Singen fahren. Von dort geht es weiter bis zur Bahnstation in Gottmadingen, unmittelbar vor der Schweizer Grenze. Dort werden wir die Nacht über warten. Morgen früh nehmen wir dort einige Passagiere auf und fahren unmittelbar danach von dort ab. Sie werden die Fahrt über der verantwortliche Zugführer sein. Ist bis hierhin alles klar oder haben Sie Fragen?“

Wegener schaute ihn einige Momente lang an. „Ja, die hab ich wohl. Was ist mit meiner Frau? Ich muss ihr Bescheid sagen, dass ich länger weg bin, die macht sich Sorgen sonst. Und wo soll der Zug denn hin und mit welcher Ladung, wenn man fragen darf?“

„Das Ziel erfahren Sie, sobald wir losgefahren sind. Sie werden Verständnis haben, dass unsere Ladung Verschlussache und geheim ist. Um Ihre Frau brauchen Sie sich keine Sorgen zu machen. Sie ist bereits informiert und wird sicher einige Tage ohne Sie auskommen können. Ich denke, damit sind alle Fragen beantwortet. Bereiten Sie den Zug vor und essen sie dann etwas. Um 16:00 Uhr treffen wir uns am Zug und ich werde Ihnen dort alle weiteren Instruktionen geben. Bis nachher, meine Herren."

Die beiden Offiziere erhoben sich, grüßten knapp beim Hinausgehen und verließen den Raum. Wegener stand mit offenem Mund da und sah ihnen nach.

„Nun gehns schon, Wegener, könnens eh nichts ändern. In ein paar Tagen sinds wieder daheim. Im Stellwerk wartens scho auf Sie."

„Zu Diensten", sagte Wegener wie betäubt und ging aus dem Büro in Richtung des Stellwerkes und der Lokomotivenhallen.

„Da sind Sie ja", begrüßte ihn der Zugmechaniker. „Der Wagen ist schon angekoppelt, Wasser und Brennstoff aufgefüllt. Eigentlich kann es sofort losgehen, Herr Lokführer!" „Jaja schon gut", brummelte Wegener. „Was heißt denn der Wagen? Ist es nur einer?", fragte er mit leichtem Erstaunen in der Stimme. „Ja, wie angewiesen, nur ein Wagen. Hölzerner Güterwaggon, innen leer." Wegener ging hinüber zum Zug. Tatsächlich nur ein Wagen. Er fragte sich ernsthaft, wen er wohl mit einem Güterwaggon abholen sollte, aber das war am Ende nicht sein Problem. Er hoffte nur inständig, dass diese eigenartige Fahrt nicht zu lange dauern würde. Zum Teufel, wie wenig Lust er hatte, ohne Ziel tagelang durch die Gegend zu fahren. Wegener überwachte die Vorbereitung des Zuges und unterhielt sich mit den anwesenden Mechanikern, von denen aber keiner nähere Informationen zu seinem Auftrag hatte. Ein Gerücht sagte, es ginge um eine Geheimwaffe für die Front oder gar der Kaiser persönlich wäre dorthin unterwegs, aber Wegener glaubte nicht daran. Er wartete weiter ab, trank noch einen Kaffee und legte sich für ein kurzes Nickerchen hin, um kurz vor der vereinbarten Zeit wieder am Zug zu sein. Die beiden Soldaten erwarteten ihn bereits. Wieder sprach ihn nur der ältere der beiden an. Auch dieser schien Wegener nun etwas jünger, als er zunächst gedacht hatte. Vielleicht Ende zwanzig oder dreißig Jahre alt. „Ich sehe, der Zug ist vorbereitet, sehr gut." Er lachte zufrieden. Diesmal waren die beiden nicht zu zweit, sondern in Begleitung von ungefähr 15 weiteren Soldaten. Diese führten eine metallene Kiste mit sich, welche in den Waggon verladen wurde. Ebenso wurden einige Stühle hereingetragen. „Kommen Sie rein", sagte der Offizier zu Wegener, und sie betraten den Wagen. Der Offizier schloss die Tür hinter sich. „Hören Sie genau zu! Ich werde ihnen jetzt erklären, was Sie für die Fahrt wissen müssen. In diesen Zug werden morgen früh knapp dreißig Personen ausländischer Herkunft einsteigen. Ich, der Leutnant, sowie einige Teile der Kompanie draußen werden ab jetzt genauso wie Sie bis zur Grenze im Zug verbleiben. Soweit Fragen?" „Keine, Herr Hauptmann" „Gut. Unsere Fahrgäste werden nicht mit Ihnen sprechen, einige sind zwar des Deutschen mächtig, aber ich nehme an, sie werden eher zurückhaltend sein, was Kommunikation angeht.“ Er grinste schon wieder. Wegener fragte sich, was der Typ ständig so zum Lachen fand. Er jedenfalls verstand die ganze Tirade nicht und sein Unmut wuchs stetig. Der Offizier nahm ein großes Kreidestück in die Hand und zeichnete ungefähr in der Mitte des Waggons eine weiße Linie von Seite zu Seite des Waggons. Er sah Wegener an. „Sieht bescheuert aus, nicht? Sehe ich genauso. Wundern Sie sich aber nicht, es sind etwas spezielle Menschen unsere Fahrgäste, mit ebenso speziellen Wünschen.“ Er hielt kurz inne. „Wenn sie an Bord sind, werden die Türen verplombt. Sie werden nicht mehr geöffnet, bis wir unser Ziel erreicht haben. Nur diese Tür hier“, er öffnete die Tür an der Spitze des Waggons hinter der Lok, „bleibt offen. Dadurch werden wir Kontakt halten. Haben Sie das verstanden?“ Sein Blick war so kalt und durchdringend, dass es Wegener unangenehm war. „Jawohl, Herr Hauptmann.“ „Gut, dann bereiten Sie alles vor. Mein Plan ist es“, er sah auf die Uhr, „in 20 Minuten zu rollen.“ „Das habe ich verstanden, Herr Hauptmann“, entgegnete Wegener. „Herr Hauptmann, wenn´s entschuldigen wollen, eine Frage noch?“ „Ja?“ Der Offizier zog missbilligend eine Augenbraue hoch. „Was ist in der verladenen Kiste hinten?“ Der Offizier lachte auf, „Sprengstoff, mein lieber Wegener. Der ganze Zug ist voll mit Sprengstoff. Manche denken gar, es ist genug, um eine Welt aus den Angeln zu jagen.“ Schon wieder grinsend fügte er hinzu: „Aber das muss Ihre Sorge nicht sein. Sie müssen ihn nur fahren, und zwar in jetzt genau neunzehn Minuten.“

Achtzehn Minuten später spie die Lok Dampf aus wie ein alter Drache und ein gellender Pfeifton zeigte an, dass die Abfahrt unmittelbar bevorstand. Mit lautem Schnaufen bewegte sich der kurze Zug aus dem Bahnhof und rollte der Schweizer Grenze entgegen. Wegener überprüfte routinemäßig den Druck im Kessel und gab dem Heizer die Anweisung, nur sparsam zu heizen, da die Grenze schnell erreicht sein würde. Der Zug fuhr langsam durch die hügelige Landschaft mit den dichten Nadelwäldern und erreichte gegen späten Nachmittag Singen. Hier wies der Hauptmann die Leute an, Wasser und weitere Kohlen aufzunehmen. Die Wachsoldaten halfen und nachdem die Arbeit getan war, lagen die meisten noch einige Zeit in der warmen Frühjahrssonne, bevor es gegen frühen Abend weiterging. Nach kurzer Fahrt kam der Hauptmann in den Lokführerstand.

„So Wegener, herhören, die nächste Station heißt Gottmadingen. Kennen Sie die?“ Wegener war wohl einige Male dort gewesen und bejahte wahrheitsgemäß. „Gut. Wir werden hier halten und warten, bis unsere Passagiere morgen in der Frühe eintreffen. Richten Sie den Zug so her, dass wir danach unverzüglich losfahren können.“ Wegener bestätigte dem Offizier die Anweisung. „Und noch etwas Wegener, ich weiß, dass Sie sich fragen, wer die Leute sind, die wir transportieren. Lassen Sie mich dazu nur Folgendes sagen: Sie werden es nicht erfahren und es kann Ihnen auch egal sein. Es ist allerdings so, dass diese Menschen nicht“, er zögerte etwas, „völlig ungefährlich sind, vor allem nicht in Verbindung mit dem Inhalt der Kiste hinten. Sie dürfen unter keinen“, seine

Jovialität verschwand aus seinem Gesicht und es nahm erneut einen eiskalten Ausdruck an, „unter absolut keinen Umständen diesen Zug verlassen, bevor wir unseren Bestimmungsort erreicht haben. Habe ich mich verständlich ausgedrückt?“ Wegener nickte. „Gut, ich wusste, ich kann mich auf Sie verlassen.“ Der Hauptmann grinste wieder und zog eine Armeepistole aus seiner Manteltasche. „Die hier ist für Notfälle, falls doch einer auf die Idee kommen sollte, sich verabschieden zu wollen.“ Wegener nahm die Waffe wortlos entgegen. „Keine Angst, tut nicht weh, zumindest Ihnen nicht.“ Setzte der Hauptmann hinzu, verabschiedete sich und ging wieder in den Waggon hinein.

Wegener breitete eine Decke im Lokführerstand aus und legte sich hin. Er sah nach oben in den sternenklaren Nachthimmel und dachte einige Zeit lang über die Ereignisse dieses seltsamen Tages nach. Was das wohl für Menschen sein würden, die morgen kämen. Und diese Kiste. Wegener bezweifelte stark, dass wirklich Sprengstoff darin war, denn die Kiste war zu klein, um eine nennenswerte Menge zu beinhalten. Aber was könnte sonst darin sein, dass zwei Wachen davor aufgestellt waren? Während er so hin und her überlegte, überkam ihn eine gewaltige Müdigkeit und er schlief schnell und tief ein.

Er erwachte und sah in das Gesicht eines Soldaten über ihm. „Aufstehen, Herr Wegener, Anweisung vom Hauptmann.“ Wegener ächzte. Das Aufstehen hier in der morgendlichen Kühle fiel ihm noch bedeutend schwerer als zuhause im Bett. Er drehte sich einmal und schnaubte laut. „Wie viel Uhr ist es denn?“ „Gleich fünf, hinten im Wagen gibt es etwas zu frühstücken“, antwortete der Gefreite. Wegener erhob sich und sah aus dem Lokführerstand in den Morgennebel hinaus. Seine Kleidung war unangenehm klamm und hing ihm wie ein nasser Sack am Körper. Fluchend bahnte er sich seinen Weg nach hinten um zu frühstücken, wo er gleich den Hauptmann traf, der ihn bestens gelaunt und mit einer Tasse Kaffee in der Hand begrüßte. „Da sind Sie ja, Wegener. Ich hatte schon befürchtet Sie hätten wieder verschlafen. Hier nehmen Sie einen Schluck, Sie sehen ja aus wie halb erfroren.“ Und er reichte Wegener die Tasse. Wegener sah ihn kurz etwas desorientiert an. Wie ihm diese komische Fröhlichkeit auf die Nerven ging. Dennoch trank er dankbar einige Züge von dem dünnen, aber warmen Kaffee und spürte unmittelbar darauf ein angenehm warmes Gefühl im Magen. Man reichte ihm ein Stück Brot und etwas Käse, und nachdem er gegessen hatte sagte der Hauptmann: „Bereiten Sie jetzt den Zug zur Abfahrt vor, unsere Passagiere werden bald kommen. Sorgen Sie dafür, dass wir dann unverzüglich abfahren können!“ Wegener brummelte seine Zustimmung und begab sich dann nach vorne, um den Kessel auf Betriebstemperatur zu bringen. Bald schnaufte die Lok wie ein munteres Pferd und Wegener schloss den Kessel, um Holz zu sparen und auf die angekündigten Passagiere zu warten. Nach einiger Zeit des Wartens in der frischen und kühlen Morgenluft, hörte er von hinten einige Rufe der Begleitsoldaten. Neugierig streckte er den Kopf aus dem Führerhaus und blickte entlang des Zuges nach hinten. Bevor er jedoch einen Blick erhaschen konnte, stand auch schon wieder der Hauptmann vor ihm. „Na Wegener, neugierig?“ „Wenns gestatten, Herr Hauptmann“, entgegnete Wegener genervt. „Ich gestatte“, lachte der Hauptmann belustigt. „Dahinten kommen unserer Gäste. Wir halten uns hier nicht lange auf und die Einreiseformalitäten sind… nun ja, bereits erledigt. Sehen Sie also zu, dass wir in fünf Minuten rollen können. Noch Fragen?“ „Keine, Herr Hauptmann.“ „So lob ich mir das. Bis gleich.“ Und er wandte sich um und ging am Wagen entlang zu einer Gruppe von Menschen, die Wegener jetzt neben der Waggontür stehen sah.

Wegener beobachtete den Offizier, wie er zu einem der aus der Gruppe, augenscheinlich dem Anführer, ging und den ärmlich gekleideten Kerl begrüßte. Zu Wegeners Erstaunen sprachen die beiden nicht Deutsch, sondern eine Wegener unbekannte Sprache miteinander. „Du wirst mit deiner arroganten Art sicher gut bei dem Kerl ankommen“, dachte Wegener bei sich selbst, um gleich darauf festzustellen, dass der Angesprochene, trotz seiner ärmlichen Kleidung, ein mindestens ebenso überheblich amüsiertes Grinsen im Gesicht hatte wie sein Gegenüber. „Die beiden passen gut zueinander“, war Wegeners spontanes Empfinden. Der Mann trug einen schäbigen, verwaschenen Anzug mit einem ebensolchen Hemd und darüber einen abgewetzten Mantel. Seine Begleiter waren vielfach noch etwas schlechter gekleidet, einige trugen sogar Schuhe, aus denen die Zehen hervorlugten. Der Anführer trug dazu einen melonenartigen Hut und einen Spitzbart. Am meisten faszinierte Wegener aber sein Blick. Wache blaue Augen schienen in alle Richtungen Ausschau zu halten und die Welt um sie herum nahezu vollständig zu erfassen.

Nach kurzem Gespräch begaben sich die Passagiere in den angehängten Waggon und die Soldaten folgten ihnen. Augenblicke später stand der Hauptmann hinter Wegener.

„So, Wegener, die Fracht ist an Bord. Wir fahren von hier nach Frankfurt und von dort weiter nach Berlin. Ich wiederhole nochmals, nichts, wirklich nichts“, die Augen des Hauptmannes wurden so eisig, dass es Wegener kalt den Rücken herunterlief, „wird diesen Zug aufhalten. Also fahren Sie zu!“ Augenblicklich war sein Lachen zurück und er zwinkerte Wegener aufmunternd zu, um gleich darauf im Waggon zu verschwinden. „Bitte lieber Gott, lass mich das hier überstehen“, betete Wegener mehr zu sich selbst und versuchte das Bild des eiskalten Blickes des Hauptmanns wegzuwischen, während er die Ventile am Kessel öffnete und sich der Zug dampfend und schnaubend in Richtung Norden in Bewegung setzte.

Der Zug fuhr einige Stunden durch das hügelige Land und näherte sich, nachdem er Stuttgart passiert hatte, gegen Mittag zuerst Mannheim und dann gegen frühen Nachmittag Frankfurt am Main. Wegener stand auf dem Führerstand und beaufsichtigte die beiden Heizer, welche mit rußgeschwärzten Gesichtern die Kohlen in den Kessel der Lok schaufelten.

Schon kaum zwei Stunden nach der Abfahrt kamen zu Wegeners völliger Überraschung sowohl der Hauptmann, wie auch der spitzbärtige Mann aus dem Wagen heraus und stellten sich auf den Lokführerstand. Der Spitzbärtige holte eine Packung Zigaretten aus der Manteltasche. Er bot dem

Hauptmann eine der Zigaretten an und gemeinsam rauchten sie erst schweigend, um nach wenigen Minuten einen Dialog in der Wegener unbekannten Sprache aufzunehmen. Nach kurzer Zeit wandte sich der Spitzbärtige an Wegener und sprach ihn in fast fehlerlosem, wenn auch mit einem leichten Akzent belegten Deutsch an.

„Verzeihen Sie, dass wir in Ihrer Gegenwart russisch sprechen, die Macht der Gewohnheit." Der Mann lachte Wegener aufs liebenswürdigste an. „Ich darf mich vorstellen? Mein Name ist…" „Völlig egal", unterbrach ihn der Hauptmann sanft aber bestimmt. „Oh ja, ich vergaß. Verzeihen Sie", entgegnete der Andere amüsiert. „Wissen Sie, der Herr Hauptmann ist der ideale Begleiter auf solch einer Reise. Er ist lässig, dabei aber nicht nachlässig und nimmt trotzdem seinen Auftrag nicht zu sehr ernst." „Danke für die Blumen", erwiderte der Hauptmann auf seine ständig amüsierte Art und zog an seiner Zigarette. „Wollen Sie auch eine, Wegener?" „Wenns so fragen, Herr Hauptmann", entgegnete Wegener schüchtern. Der Hauptmann wandte sich immer noch lachend an den Spitzbärtigen und sagte: „Sie sind sicher so frei. Ist ja letztendlich auch Unsinn mit dieser abstrusen Idee von privatem Eigentum." Müde lächelnd zog dieser das Etui heraus und reichte es Wegener. „Etwas vereinfacht, Ihre Darstellung, aber im Kern schon zutreffend." „Wusste ich doch, dass ich Ihre Lehren verstehe." „Woher genau kommen Sie aus dem Baltikum?", fuhr der Spitzbart fort. „Aus Dorpat, Gouvernement Estland", kam die Antwort. „Kommen wäre auch etwas zu viel gesagt, mein Vater stammt von dort."

„Baltische Ritterschaft nehme ich an?“, fragte der Spitzbart mit kaum zuhörendem scharfem Unterton zurück. Der Hauptmann sah ihn einen Moment lag eindringlich an und erwiderte:

„Nein, mein Großvater war Förster. Waldaufseher in den Wäldern Ihres geliebten Zaren. Der jetzt im Ruhestand ist“, fügte er süffisant hinzu. „Hoffentlich nicht allzu lange, nicht dass die Arbeiter für ihre Unterdrücker noch zu lange Pensionen zahlen müssen“, kam die Antwort mit eisigem Ton in der Stimme. „Aber Sie, als Nachkomme eines Försters sind da sicher meiner Meinung“, fing der Spitzbart an zu lachen und schlug dem Hauptmann fraternisierend auf die Schulter. „Vielleicht,…“ er zögerte einen Moment und sah den Hauptmann eindringlich an, „kommen Sie ja auch noch dazu, auf die richtige Seite der Geschichte zu wechseln.“ „Danke für das Angebot. Ich denke aber eher, dass wir sie wohl von verschiedenen Seiten aus erleben werden.“ „Vermutlich richtig, wenn auch, Sie gestatten mir meine Aufdringlichkeit, sehr bedauerlich.“ Die Hand an die Stirn zum Gruß nehmend stieg der Spitzbart zurück in den Wagen. Der Hauptmann blieb auf der Lok und sah mit leeren Augen auf die vorbeiziehende Landschaft hinaus.

„Kennens den Herrn schon länger, Herr Hauptmann?“, fragte Wegener vorsichtig. „Nein, ihn nicht, aber seine Schriften, die kenne ich.“ „Der Herr ist Autor?“ „Nein, er ist mehr, oder wäre gerne, eine Art Politiker.“ „Politiker?“ „Wenn man so will ja. Er will eine Revolution.“ „In Russland?“ „Zunächst dort, aber nicht nur. Er träumt von einer Revolution überall auf der Welt.“ „Und warum fahren wir ihn?“ Der Hauptmann blickte

Wegener mit müden Augen an. „Das ist nicht wichtig, Wegener, fragen Sie besser nicht, und vergessen Sie am besten was Sie gehört und gesehen haben. Bringen Sie uns nur schnell nach Frankfurt.“ „Jawohl, Herr Hauptmann“, beeilte Wegener sich zu sagen und erhöhte den Druck im Kessel leicht.

Einige Zeit später erreichte der Zug die Stadt Frankfurt am Main. „Halten Sie an, wenn ich es Ihnen sage.“ Instruierte der Hauptmann Wegener. Dieser bejahte und ließ, nachdem der Hauptmann ihn auf ein abgelegenes Gleis des Bahnhofes dirigiert hatte, die Lok schnaubend und dampfend zum Stehen kommen. „Halten Sie hier. Wir nehmen Wasser und Kohlen an Bord und fahren schnellstmöglich weiter.“ „Sehr wohl, Herr Hauptmann“, entgegnete Wegener, während Bahnarbeiter bereits mit dem Nachfüllen begannen.

Auf dem Bahnsteig sah Wegener auf einmal eine Gruppe Offiziere, die schnellen Schrittes auf die Lokomotive zuliefen. Auch der Hauptmann hatte die Gruppe gesehen und stieg vom Zug auf den Bahnsteig. „Verriegelt die Türen. Niemand betritt oder verlässt den Zug“, befahl er in schneidendem Ton. „Und zwar wirklich niemand! Ich hoffe ich habe mich auf das Klarste ausgedrückt.“ Kopfnicken kam von seinen Männern zur Antwort.

„Hauptmann, ich bin Major von Plischke, der Kompaniechef der Stabskompanie des 331. Infanterieregiments, der Bahnhofskommandant.“

„Guten Morgen, Herr Major.“

„Darf ich Sie fragen, wer Sie sind und woher Sie kommen?“, fragte der Major mit hochmütigem Ton.

„Leider kann ich Ihnen die gewünschten Auskünfte nicht erteilen, Herr Major. Ich bin geschickt und habe meine Befehle direkt von der OHL[29]. Die Mission, auf der ich mich befinde, unterliegt strengster Geheimhaltung und dient dem absoluten Wohl des Reiches. Dies wurde Ihnen auch bereits im Vorfeld von der obersten Heeresleitung angekündigt“.

Der Major starrte für einen Augenblick erstaunt auf sein Gegenüber herab. „Was haben Sie da gesagt? Wissen Sie, mit wem Sie hier sprechen?“ „Das weiß ich durchaus, allerdings sind die Umstände so, Herr Major, dass ich auf Ihre Person und auch auf die sonstigen Normen des Umganges hier keinerlei Rücksicht nehmen kann. Wenn Sie bitte dafür Sorge tragen würden, dass wir unsere Reise schnellstmöglich fortsetzen können, wäre ich Ihnen aufs höchste dankbar.“

Das Gesicht des Majors schwoll so puterrot an, dass Wegener sich etwas zusammenduckte, aus Angst Opfer des bevorstehenden Ausbruches zu werden. Von seiner Position auf dem Lokführerstand sah er die Begleitungen des Majors betreten zu Boden schauen, einige konnten sich auch ein Grinsen nicht verkneifen.

„Sind Sie von allen guten Geistern verlassen, Sie Flegel!“, schrie der Major. „Sie Bauerntrampel, wie benehmen Sie sich

---

[29] Kaiserliche Oberste Heeresleitung

einem Adeligen und noch dazu ranghöheren Offizier gegenüber!“

Der Hauptmann blieb äußerlich völlig ruhig, fast unmerklich, so kam es Wegener vor, zuckte er zusammen, jedoch ohne eine Regung in seinem Gesicht. „Herr Major, ich denke dies ist weder der richtige Ort für ihr eher kleinliches Benehmen, noch haben wir Zeit dafür. Ich habe einen Auftrag und diesen gedenke ich zu erfüllen. Ich wäre Ihnen dankbar, wenn Sie nun alles für unsere Weiterreise Erforderliche veranlassen würden.“

Angewidert sah der Major sein Gegenüber an. Nach einigen Augenblicken mit hasserfüllten Augen fauchte er seine Begleiter an, die Versorgung der Lok mit Wasser und Kohlen in die Wege zu veranlassen.

„Das wird Sie etwas kosten, Hauptmann“, zischte er im Gehen, „dafür werden Sie bezahlen, sobald wir den Krieg gewonnen haben. Es wird dringend Zeit, dass Pack wie Ihnen eine Lehre erteilt wird. Verflucht der Tag, an dem solchen Bauern wie Ihnen die Offizierslaufbahn geöffnet wurde.“ Mit diesen Worten stapfte er mit großen Schritten den Bahnsteig entlang, verfolgt von seiner noch immer in Teilen verhalten kichernden Entourage.

„Nette Leute haben Sie hier in Deutschland“, hörte Wegener eine vertraute Stimme aus der Tür des Waggons, kaum dass der Hauptmann zurück auf der Lokomotive stand. „Denken Sie nicht auch manchmal an die Möglichkeit einer Änderung der gesellschaftlichen Verhältnisse?“ Der Spitzbart grinste süffisant. „Aber ich sehe, Sie sind derzeit nicht zu Gesprächen aufgelegt", sagte er im Angesicht der mahlenden Kiefer und des seltsam leeren Blickes seines Gegenübers und zog sich behende wieder in den Waggon zurück.

Nachdem Wasser und Kohlen verladen waren, setzte der Zug seine Reise ohne weiteres Zögern fort. Die Landschaft zog hell und grün an ihnen vorbei und Wegener genoss den Fahrtwind und die Ruhe auf dem Führerstand. Dörfer und Felder wechselten sich ab und an Städten wurden sie entweder über Nebenstrecken vorbei geleitet oder passierten die Bahnhöfe ohne anzuhalten. Nach einigen Stunden erreichten sie bei Einbruch der Nacht Berlin. Wegener war fasziniert von der Größe der Stadt und staunte von Minute zu Minute mehr, die sie durch die hell erleuchteten Vororte und Bezirke der Hauptstadt des Kaiserreiches fuhren. Schnaufend fuhr die Lok, nachdem Wegener mehrere Signaltafeln bekommen hatte, auf das letzte Gleis des Bahnhofs am Kottbuser Tor. Auch dort wurden Sie bereits von Eisenbahnern und Soldaten erwartet, welche unmittelbar damit begannen, die Treibstoffe der Lok aufzufüllen. Während Wegener sich die schwitzenden und arbeitenden Männer besah, kam wie in Frankfurt eine Gruppe Offiziere auf die Lok zu, und als der Hauptmann diese erblickte seufzte er, wies Wegener an auf dem Zug zu bleiben und stieg auf den Bahnsteig hinunter.

„Guten Tag, Herr Oberst.“ „Guten Tag, Herr Hauptmann“, antwortete der offensichtliche Führer der Neuankömmlinge, ein groß gewachsener Mittfünfziger in der Uniform eines

Garderegimentes. „Ich freue mich, Sie wohlbehalten hier zu sehen. Ich gehe davon aus, dass alles nach Plan verlaufen ist?“ „Selbstverständlich, Herr Oberst“, erwiderte der Hauptmann.

„Gut, wir haben hier nur wenig Zeit. Fahren Sie fort wie besprochen.“ „Jawohl, Herr Oberst.“ „Und noch etwas Hauptmann, Major von Plischke aus Frankfurt hat sich telegrafisch über Sie beschwert. Können Sie mir sagen, was es damit auf sich hat?“ „Major Plischke behagte es nicht, dass ich einer Geheimhaltungspflicht unterlag und ihm die von ihm gewünschten Informationen nicht geben konnte.“ „Mussten Sie ihn deswegen vor versammelter Mannschaft zurechtweisen? Der Mann ist von Adel.“ „Mit Verlaub, Herr Oberst, unabhängig vom tatsächlichen Hergang, dessen Aufarbeitung mit unserer Mahnung zu Eile nicht korrespondierte, muss ich Sie fragen: Macht es ihn besser, dass er der Nachfahre eines Barons ist? Abgesehen von der noch hinzukommenden Tatsache, dass er zu diesem Umstand herzlich wenig, ich möchte gar sagen, faktisch nichts, beigetragen hat.“ „Hauptmann, Sie wissen, dass ich viel von Ihnen halte,“ sagte der Oberst in väterlichem Ton, „aber so ist es nun mal, Adel ist Adel, ob Ihnen das gefällt oder nicht, Sie müssen sich dem beugen. Wenn Sie dieses Prinzip in Frage stellen wollten“, er schmunzelte kurz „könnten Sie sich ja gleich dem ungewaschenen Haufen da drinnen“, er zeigte auf den Waggon, „anschließen. Aber machen Sie sich keine Sorgen, ich werde mich darum kümmern, dass die Angelegenheit klein bleibt. Nachdem Sie sich bei Major von Plischke formell entschuldigt haben, wird es keine größeren

Wellen schlagen, außer der Major verlangt dies und ich denke, dass ich dahingehend auf ihn einwirken kann."

„Ich verstehe, Herr Oberst", entgegnete der Hauptmann mit steinernem Gesichtsausdruck. „Ich sehe Ihnen an, was Sie denken, Hauptmann. Ich weiß, dass Sie ein brillanter Kopf sind und nicht zuletzt deswegen stehen Sie jetzt vor diesem Zug. Aber ich weiß auch, dass Sie eine Tendenz haben, sich mit den Verhältnissen nur schwer zu arrangieren. Das müssen Sie ablegen, vor allem zu dieser Zeit, da unser Vaterland am Abgrund steht. Ich erwarte also von Ihnen, dass Sie nichts tun, was diese Angelegenheit weiter hochkochen lassen könnte, haben Sie mich verstanden?" „Jawohl, Herr Oberst, ich denke ich habe verstanden." „Gut, dann fahren Sie weiter und melden Sie mir, sobald Sie Ihren Auftrag abgeschlossen haben." „Jawohl, Herr Oberst." Wegener sah vom Führerhaus der Lok, dass der Hauptmann noch einen Moment zögerte, als ob er noch etwas sagen wollte. „Ist noch etwas?", fragte sein Gegenüber. „Nein", antwortete dieser und stieg auf die Lok und befahl Wegener mit ausdrucksloser, müde klingender Stimme weiterzufahren. Beim Aufsteigen fiel sein Blick durch die Tür in den Waggon hinein, wo ihn ein Augenpaar ansah und ein Mund, von einem Spitzbart geschmückt, zufrieden lächelte.

Die weitere Fahrt verlief monoton und Wegener vertrieb sich die Zeit, indem er versuchte im Morgenlicht die Orte Mecklenburgs, die nicht auf –ow oder –in endeten zu zählen. Nach Stunden der Fahrt durch die leicht hügelige und in sattem Frühlingsgrün daliegende, seenreiche Landschaft, sah er schließlich die Küste am Horizont erscheinen, und nach einer kurzen Überfahrt erreichte der Zug den Hafen von Saßnitz auf der Insel Rügen.

Kaum angekommen, verließen die Passagiere den Zug und begaben sich inklusive der mitgeführten Fracht auf eine bereitstehende Fähre, welche zur Überfahrt ins schwedische Trelleborg bereit stand.

„Wir machen uns schnellstmöglich auf den Rückweg, Wegener“, sprach der Hauptmann Wegener an. „Machen Sie sich keine Sorgen, in spätestens zwei Tagen sind Sie daheim. „Gott sei Dank“, dachte Wegener bei sich. „Aber helfen Sie vorher noch mit, einige Sachen zu tragen.“ So trug Wegener einige der wenigen übriggebliebenen Gepäckstücke zum Schiff.

Nachdem die Verladung abgeschlossen war, standen sich Hauptmann und Spitzbart am Pier gegenüber.

„Gute Fahrt wünsche ich Ihnen, viel Glück bei was immer Sie sich vorgenommen haben.“ „Das wissen Sie doch“, lachte der Spitzbart. „Ich will eine Welt aus den Angeln heben. Die Arbeiter haben nichts zu verlieren als ihre Ketten. Und der Tag wird kommen, hoffentlich sehr bald, an dem die Arbeiterklasse die alte Ordnung mit ihrer korrupten herrschenden Kaste hinweg fegen wird.“

„Ich wünsche Ihnen aufrichtig viel Erfolg dabei.“ „Danke, heute Rußland und morgen vielleicht…“ Der Russe lächelte spitzbübisch. „Nun ja, ich weiß ja nun, dass es auch in

Deutschland vernünftige Leute gibt, auf die man bei dieser Aufgabe bauen kann, nicht wahr?“ Mit diesen Worten drehte er sich um und begab sich auf die Fähre. Erst auf der Rückfahrt, einige Zeit später, als er den Hauptmann müde in die grüne Landschaft starren sah, realisierte Wegener, dass dieser nicht widersprochen hatte.

Nachwort

Oft sind große Ereignisse und Zäsuren in der Geschichte erst auf den zweiten Blick, und für manche ihrer Protagonisten auch noch später oder gar nicht als solche erkennbar. Die Folgen, die sich aus kleinen Handlungsabläufen ergeben, werden manchmal erst deutlich später, dafür aber umso deutlicher sichtbar.

So ist es auch in den Geschichten dieses Buches, sie alle sind fiktiv, könnten sich aber so wie beschrieben abgespielt haben. Sie zerren jene zumindest etwas ins Licht, deren Taten zwar bekannt und berühmt sind, deren Namen aber vergessen sind. Menschen, die es zwar sicher gab, die aber niemand kennt.

Königswinter, November 2015

    - Indicador de desempenho mede o desempenho da empresa.
- Desempenho: a capacidade da empresa de cumprir os seus objetivos utilizando recursos adequados a custos mais baixos.
- Variável: um elemento que pode assumir valores diferentes de acordo com o grupo/ambiente em que evolui.

INTRODUÇÃO

História e contexto

Antes dos anos 90, as empresas já tinham acesso a quadros orçamentais e financeiros. Contudo, eram frequentemente desenvolvidas por sociedades comerciais e empresas industriais, que se baseavam em informações antigas e estáticas e não tinham em conta os indicadores operacionais, clientes ou pessoas. David P. Norton (nascido em 1941), cofundador da sociedade de estratégia TI Nolan, Norton & Company, e Robert S. Kaplan (nascido em 1940), professor na Harvard Business School, desenvolveram o Balanced Scorecard (BSC) para resolver este problema. Esta ferramenta combina estratégia e gestão e foi oficialmente criada em 1992 através do artigo publicado na Harvard Business Review pelos dois economistas americanos, "The Balanced Scorecard: Measures That Drive Performance".

O BSC é um resumo das conclusões retiradas de um estudo (que durou 12 meses e foi realizado em colaboração com várias empresas) que se concentra nos recursos disponíveis para os gestores avaliarem o desempenho futuro dos seus negócios. O projeto de Norton e Kaplan foi criado devido às diferenças óbvias entre os métodos tradicionais de medição do desempenho (baseados apenas em indicadores financeiros) e às necessidades das empresas modernas.

Definição do modelo

O BSC é um painel de avaliação que dá uma visão abrangente dos objetivos - a curto e longo prazo - e, das estratégias de uma empresa a partir de uma série de indicadores de desempenho. Estes indicadores avaliam e medem os projetos e objetivos da empresa. O elemento mais inovador desta ferramenta de gestão reside na sua análise, que se baseia em quatro áreas-chave:

- **Perspetivas financeiras**. Quais são as expectativas dos acionistas da empresa?
- **Perspetiva das pessoas,** incluindo clientes, parceiros e acionistas. Para alcançar os seus objetivos, como deve o negócio ser percebido?
- **Processos empresariais internos**. Que processos empresariais devem ser postos em prática para que o negócio tenha sucesso?
- **Aprendizagem, crescimento e inovação**. Como pode a empresa apoiar a sua capacidade de mudança e inovação?

É BOM SABER

O Balanced Scorecard é inspirado nos placares utilizados nos jogos de basebol e basquetebol. Quando aplicado, produz resultados de acordo com diferentes combinações de variáveis. É também necessária uma análise global retrospetiva para avaliar a exatidão do quadro de pontuação.

A TEORIA POR DETRÁS DO CONCEITO

No início dos anos 80, a sociedade tornou-se baseada na informação em vez da indústria. A partir daí, as empresas tiveram de se colocar num mercado cada vez mais globalizado e onde a satisfação do cliente constituía uma enorme vantagem competitiva. Isto mudou completamente a forma como as empresas eram geridas.

Consequentemente, tornou-se difícil confiar num sistema de gestão que se baseasse apenas nas medidas financeiras e económicas de avaliação. Os quadros orçamentais utilizados anteriormente não eram suficientes, uma vez que tantas perspetivas foram ignoradas: objetivos comerciais, objetivos de produção e recursos humanos.

Kaplan e Norton propuseram uma ferramenta de gestão automática que combinava todas as perspetivas essenciais. Cada uma destas perspetivas tem os seus próprios objetivos e indicadores de desempenho. Estes indicadores realçam os pontos críticos quando as empresas devem intervir para antecipar o declínio. O BSC criou uma estabilidade que permitiu a integração e o equilíbrio destes diferentes indicadores.

Na sua publicação *The Balanced Scorecard* (1998), os dois economistas relacionam a abordagem do BSC com o sistema de controlo de voo. No seu exemplo, mencionam um cenário desastroso: enquanto pilota um avião, o piloto concentra-se apenas na velocidade do vento e negligencia o nível de combustível e a altitude da aeronave. O piloto justifica o seu voo explicando que não podia concentrar-se em tudo ao mesmo tempo, mas isto não tranquiliza nenhum dos passageiros.

O mesmo se aplica às empresas: não podem negligenciar algumas variáveis da sua gestão se quiserem determinar e controlar a conjetura geral da sua organização. É vital, como num avião, dispor de várias ferramentas para identificar claramente o objetivo e a forma de o alcançar.

O método BSC é mais do que uma simples ferramenta para medir o desempenho. O aspecto mais dinâmico do BSC é a inclusão de quatro áreas-chave para análise e a relação entre a visão presente e futura da empresa. Todas as perspetivas estão ligadas pela relação de causa e efeito, por vezes denominada “cadeia de causalidade”, que identifica os resultados finais e explica as diferenças entre os resultados reais e os objetivos iniciais. O Balanced Scorecard é utilizado como um sistema de gestão estratégica a longo prazo.

Os criadores deste sistema identificam quatro áreas de desempenho interdependente que acreditam ter um impacto no desempenho de um negócio:

- **Perspetiva económica.** Como é percebida pelos nossos intervenientes?

- **Perspetiva do cliente.** Os clientes estão satisfeitos?
- **Processos empresariais internos.** Em que área se distingue internamente? Quais são os seus pontos fortes? Que processos de negócio devem ser postos em prática para atingir as ambições da empresa?
- **Aprendizagem, crescimento e inovação.** O que é que a empresa pôs em prática para apoiar e desenvolver a sua capacidade de adaptação, inovação e crescimento?

Cada perspetiva envolve indicadores de:

- o método de cálculo dos recursos necessários para atingir o objetivo;
- os resultados que avaliam o próprio desempenho da empresa.

PERSPETIVA FINANCEIRA

Esta perspetiva baseia-se no pressuposto de que o objetivo a longo prazo de uma empresa é sempre o de maximizar o retorno para os seus acionistas. Para que isto aconteça, a empresa deve empregar estratégias diferentes visando o crescimento das receitas e a produtividade.

A maior parte das vezes, os objetivos financeiros incluem:

- crescimento das receitas (fluxo de caixa, liquidez gerada pelas atividades comerciais, volume de negócios, etc.)

- melhoria da produtividade e das margens
- reduções de custos
- a utilização eficaz dos bens
- gestão otimizada do risco, etc.

Evidentemente, os objetivos financeiros das empresas variam consideravelmente em termos da sua fase de desenvolvimento (crescimento, desenvolvimento e maturidade) e dos seus objetivos estratégicos (aumento das receitas e quotas de mercado do produto, reduções de custos e/ou aumento da produtividade, melhor utilização dos ativos da empresa e melhor retorno do investimento).

PERSPETIVA DO CLIENTE

Esta perspetiva dá aos gestores uma visão abrangente das várias atividades empresariais e dos segmentos de consumidores e parceiros específicos a cada atividade. Pode medir a apreciação dos produtos pelo cliente e a eficiência dos procedimentos comerciais que procuram satisfazer as necessidades do cliente.

A empresa adapta a sua estratégia e toma as medidas que considera necessárias para se tornar a empresa "topo de gama" (líder no mercado de acordo com o consumidor alvo): concentrando-se tanto no preço e qualidade como no produto ou serviço.

Os indicadores comuns de resultados e meios são:

- quotas de mercado

- fidelidade do cliente
- o número de novos clientes
- nível de satisfação do cliente
- rentabilidade do segmento
- ganhos dos clientes
- número de queixas, etc.

Idealmente, as empresas deveriam definir os seus indicadores de desempenho e os objetivos em cada uma das áreas em que operam. No entanto, a maioria destes indicadores são indicadores post-hoc (definidos *a posteriori*). Para remediar esta situação, os gestores devem também concentrar-se na criação de uma proposta de valor única que depende de três variáveis:

- os atributos de um produto ou serviço
- a relação com o cliente
- a imagem e a reputação da empresa.

Nesta base, os gestores devem sempre procurar desenvolver uma proposta de valor superior para os seus clientes-alvo.

PROCESSOS EMPRESARIAIS INTERNOS

Esta perspetiva dá ao gestor uma visão geral do funcionamento interno da empresa. Identifica os processos internos que geram a satisfação do cliente (direta ou indiretamente) e as principais competências e áreas em que a empresa se distingue.

Cada atividade corresponde a uma cadeia de valor através da qual o valor é criado e entregue ao cliente. Tendo em conta os processos empresariais, garante-se que o gestor os organiza de forma consistente, no que respeita aos objetivos empresariais e às expectativas do cliente.

Na maioria das empresas, a cadeia de valor é constituída por:

- **processos operacionais,** que se concentram na eficácia dos processos atuais (eficiência, tempo, custos, etc.);
- **processos de inovação,** que têm um impacto significativo na capacidade de inovação da organização: concentram-se nas necessidades futuras do cliente e na forma de criar propostas de valor únicas;
- **processos de entrega e distribuição,** que se concentram na forma como os consumidores entram em contacto com o negócio; assegurando que a sua experiência é a melhor possível.

Esta perspetiva do scorecard tem em conta o desempenho dos processos empresariais na empresa, tornando-os coerentes com as expectativas atuais e futuras dos clientes. Define indicadores relacionados com os processos de inovação, os procedimentos empresariais e o processo de entrega e distribuição.

APRENDIZAGEM, CRESCIMENTO E INOVAÇÃO

Esta perspetiva é importante por considerar o ambiente necessário para o desenvolvimento adequado das outras três perspetivas. Pressupõe que a capacidade de uma empresa para atingir os seus objetivos financeiros, relacionados com o cliente e com o processo depende diretamente da sua capacidade de inovar, aplicar novas competências e crescer.

Os indicadores utilizados para esta perspetiva estão principalmente relacionados com três grandes categorias:

- **Pessoal.** As competências do pessoal da empresa têm um impacto direto no seu desempenho. Devem responder às necessidades da empresa (atuais e futuras) na medida do possível. Os indicadores mais frequentemente utilizados dizem respeito à satisfação do pessoal, necessidades de formação, taxa de rotação do pessoal, etc.
- **Sistemas de informação.** A capacidade de uma empresa utilizar tecnologias de informação adequadas é crucial. É importante analisar a coerência entre as necessidades das empresas e o seu desempenho e processos tecnológicos.
- **Coerência organizativa.** A adequação do processo de tomada de decisão às expectativas e necessidades dos clientes é primordial para que o pessoal bem treinado tenha um bom desempenho. O pessoal deve também ser a força motriz da empresa e estar no

centro do processo de tomada de decisão. É essencial criar um ambiente coeso que permita aos funcionários manterem a sua liberdade de ação e autonomia de decisão.

O Balanced Scorecard assegura que os investimentos necessários em tecnologia, pessoas e processos são planeados e implementados. A disponibilidade de indicadores que fornecem informações sobre este aspecto de um negócio é importante porque o crescimento futuro da empresa depende diretamente da sua capacidade de inovar, adaptar-se e gerar oportunidades.

LIMITES DO MODELO

Embora o Balanced Scorecard tenha sido introduzido como uma ferramenta para a gestão e controlo de um negócio eficiente e eficaz, alguns peritos científicos em dinâmica de sistemas têm reservas. Henk Akkermans e Kim van Oorschot (especialistas holandeses) e Barry Richmond (neuropsicólogo americano, 1947-2002) questionam todos a validade do modelo. Os limites do BSC podem ser resumidos em três pontos:

- **Alguns intervenientes são negligenciados**. O scorecard não contabiliza todos os intervenientes da empresa. Muito mais do que um fracasso do modelo, é frequentemente um problema de implementação. Aqueles que implementam o Balanced Scorecard limitam-se frequentemente a aplicá-lo como uma "solução milagrosa". Uma vez que o modelo se concentra principalmente nos acionistas e clientes, os gestores podem negligenciar as partes interessadas da empresa, tais como os fornecedores. Por conseguinte, é apropriado que cada empresa considere as suas próprias especificidades ao preparar o seu Balanced Scorecard.
- **Uma cadeia de causalidade inexistente**. Um dos pressupostos do modelo Balanced Scorecard é que existe um nexo de causalidade. Alguns especialistas, tais como Barry Richmond, criticam a simplicidade com que se estabelece a relação de causa e efeito.

Argumentam também que o modelo é estático e não considera os planos futuros da empresa.

- **Um ambiente externo não integrado**. Embora o BSC incorpore algumas variáveis externas, não incorpora o suficiente. Na prática, os indicadores integrados referem-se principalmente apenas aos elementos internos da empresa, subestimando completamente o impacto do ambiente em que esta está a evoluir.

APLICAÇÃO

ACONSELHAMENTO

No seu bestseller *The Balanced Scorecard* (1996), Norton e Kaplan propõem um plano em quatro etapas para um desenvolvimento sistemático. O plano serve como base para a implementação do BSC, mas deve lembrar-se que cada negócio é único e o método deve ser adaptado a diferentes sistemas.

Primeiro passo – Transformar a estratégia em objetivos estratégicos

Escolha a unidade operacional (ou seja, o departamento específico da empresa) que será a base para o desenvolvimento do Balanced Scorecard. Para formular uma estratégia coerente e autónoma, é aconselhável identificar uma unidade afetada, analisando a cadeia completa de processos, incluindo inovação, produção, marketing, vendas e serviço. Em geral, uma unidade de negócios que tenha uma estratégia para cumprir os seus objetivos é um candidato aceitável para um Balanced Scorecard.

Uma vez selecionada a unidade operacional, os seus gestores devem determinar a informação essencial dentro do seu departamento que reunirá os objetivos e as medidas adotadas pela e para a empresa. Especificamente, precisam de estabelecer objetivos financeiros (principalmente crescimento e rentabilidade), valores e perspetivas da empresa (ambiente e segurança do pessoal, inovação e competitividade) e, finalmente, as relações entre os vários intervenientes (clientes, fornecedores, empregados, etc.).

Segunda etapa - Comunicação de objetivos e ligações entre indicadores e objetivos estratégicos

A segunda fase é dividida em três sub-fases. A primeira consiste em apresentar um projeto do BSC aos gestores da unidade operacional para suscitar discussões. Este tempo de reflexão e troca construtiva entre os gestores e o "arquiteto" (a pessoa que pilota o BSC) leva a uma melhor compreensão do que ambas as partes pensam ser importante.

Após a recolha desta informação, os gestores devem passar por uma fase de síntese para estabelecer uma lista de potenciais objetivos do projeto. Neste momento, já é importante analisar a relação de causa e efeito entre os diferentes objetivos empresariais.

A fase final é a criação de um consenso inicial para o Balanced Scorecard. Cada objetivo é discutido separadamente pelo comité executivo para identificar três ou quatro objetivos principais (económico/financeiro, cliente, processos internos e aprendizagem/inovação) e fornecer uma descrição detalhada das medidas possíveis para cada objetivo. Há apenas uma questão nesta fase, se o projeto e a estratégia forem eficazes: quais poderão ser os resultados potenciais para os acionistas, clientes, processos internos e crescimento da empresa? Por outras palavras, como podemos determinar a causa e o efeito de cada estratégia/atividade de acordo com os diferentes objetivos estratégicos?

Terceiro passo – Planeamento, estabelecimento de metas e definição de objetivos estratégicos

Os gestores distribuem o resumo preparado durante a fase anterior a cada um dos subgrupos para reformular algumas das formulações objetivas, comparar ideias, identificar as fontes de informação (e acesso) necessárias para implementar as medidas propostas e prever o seu impacto.

O "arquiteto" do projeto escolhe então, com a sua equipa, as medidas do BSC que melhor correspondem aos objetivos estratégicos, atribuindo uma a cada estratégia. No entanto, alguns indicadores – receitas, vendas, etc. – são comuns a todos os BSCs. Este trabalho inclui a realização:

- uma lista detalhada dos objetivos de acordo com os subgrupos e o sector pelo qual são responsáveis;
- uma representação dos meios de quantificação de cada medida;
- um gráfico mostrando a ligação entre as medidas e/ou objetivos, de acordo com os diferentes sectores.

O comité executivo reúne-se pela segunda vez com todos os membros da direção, os colaboradores diretos e os intermediários. A finalidade desta sessão é a de reanalisar o projeto, as orientações e objetivos estratégicos da empresa e as medidas propostas para o BSC (desta vez com um maior número de participantes, especialmente numa grande empresa). A partir destas discussões e análises, é elaborada uma brochura informativa para comunicar os novos objetivos e conteúdo do Balanced Scorecard a todos os funcionários. O principal desafio é encorajar os funcionários a estabelecer objetivos ambiciosos para cada medida proposta.

Quarto passo – Incentivar o feedback e a adaptação aos processos

Nesta fase, o projeto do BSC está pronto, aprovado e compreendido em toda a empresa. Agora, é necessário um plano de implementação de medidas para alcançar os objetivos definidos nas duas primeiras reuniões do comité executivo. A ligação entre as medidas e as bases de dados não deve ser esquecida para que todos os níveis da empresa se mantenham atualizados com o processo e possam pensar em possíveis extensões das medidas iniciais. É importante adaptar os indicadores e as medidas implementadas com base no feedback recebido para tornar o BSC eficaz e funcional.

Uma terceira e última reunião do comité executivo aprova o projeto final, os seus objetivos e medidas. Aqui, são também escolhidas as primeiras medidas e iniciativas necessárias para alcançar os objetivos. No final da reunião, o comité comunica igualmente o programa final aos empregados e a forma como este será integrado no sistema de gestão da empresa. Esta etapa conclui o processo e torna o BSC eficaz. É integrado no sistema de gestão de modo a que os gestores possam concentrar-se nas prioridades identificadas pelo BSC.

Conclusão

Esta descrição mostra o desenvolvimento passo-a-passo de um Balanced Scorecard. Obviamente, este método varia de acordo com o tipo e, em particular, com a dimensão da empresa ou organização que pretende implementar o modelo. Do mesmo modo, o calendário de implementação das medidas difere de acordo com a organização, os requisitos dos participantes nas reuniões de tomada de decisão e quaisquer obstáculos: perspetiva das pessoas (motivação, competências e adaptabilidade do pessoal, consenso entre os membros, etc.), fiabilidade ou indicadores e o tempo necessário para recolher informação.

Geralmente, Norton e Kaplan aconselham que a elaboração de um BSC leve 16 semanas. Este período de tempo permite aos membros da equipa de gestão pensar - sempre que têm oportunidade, uma vez que não dedicam todo o seu tempo a este projeto - sobre o desenvolvimento estrutural do projeto, a estratégia e o sistema de informação, bem como o impacto nos processos de gestão.

ESTUDO DE CASO – MICROSTART

Contexto

Este estudo de caso analisa o microStart empresarial, que é uma organização sem fins lucrativos. Neste exemplo, a implementação do Balanced Scorecard ao microStart implica a adaptação das perspetivas financeiras.

A Empresa

microStart tem sido uma organização ativa em micro-finanças desde 2010. A empresa ajuda as pessoas excluídas do sistema bancário tradicional a tornarem-se independentes. microStart foi inspirada pelo enorme sucesso do Grameen Bank, que foi fundado em 1976 por Muhammed Yunus (economista do Bangladesh, nascido em 1940), que recebeu o Prémio Nobel da Paz de 2006. O modelo do Grameen Bank foi adaptado na Europa no final dos anos 80 por Maria Nowak (economista especializada em microcrédito, nascida em 1935), que criou a Associação para o Direito à Iniciativa Económica (Adie) em França, em 1989. Hoje, a Adie é líder na Europa Ocidental.

Em 2010, Adie e BNP Paribas Fortis, uma filial belga do grupo BNP e o primeiro banco na Bélgica, trabalharam em conjunto para criar o microStart SCRL-FS. O programa piloto foi concebido para dar uma resposta inovadora aos empresários em Bruxelas.

microStart, que opera em Saint-Gilles e Schaerbeek (dois municípios da região de Bruxelas), emprega 9 empregados e 50 voluntários. Até à data, foram concedidos 350 empréstimos (com uma taxa de reembolso de 95%) pela associação.

A visão e a missão da microStart concentram-se nos membros e beneficiários da organização:

- **Visão:** proporcionar àqueles que foram excluídos do sistema bancário tradicional o acesso ao crédito e apoiar a criação e desenvolvimento de ideias empreendedoras.
- **Missão:**
    - para financiar microempresários que estão excluídos do sistema bancário tradicional e que pretendem criar ou desenvolver uma atividade independente;
    - apoiar os microempresários antes, durante e após a criação do seu negócio para assegurar a sustentabilidade;
    - contribuir para a melhoria do ambiente institucional do microcrédito e do empreendedorismo.

O Balanced Scorecard da microStart

Para a microStart, o Balanced Scorecard é uma importante ferramenta de programação e gestão. Utilizado diariamente, atua como uma referência na tomada de decisões importantes. Além disso, a organização microStart, que desenvolve a sua estratégia a longo prazo, concentra-se principalmente na inovação e nas perspetivas das pessoas para determinar o seu Balanced Scorecard. A fim de proporcionar aos gestores uma visão global do negócio, a microStart apresenta as suas missões e valores através de muitos indicadores, incluindo a perspetiva do cliente, processos internos e aprendizagem. Naturalmente, como com todas as organizações, a microStart precisa de avaliar constantemente o seu desempenho.

A análise geral e o contrainterrogatório das quatro perspetivas dão-nos uma avaliação completa do negócio. Cada perspetiva tem vários objetivos estratégicos que se refletem nas atividades. Estas atividades são depois medidas pelos indicadores que foram selecionados durante as várias reuniões do comité executivo.

- **Perspetivas financeiras**. microStart assegura uma gestão eficaz dos custos ao disponibilizar os recursos financeiros necessários para os empréstimos de apoio a novas empresas.
    - Objetivo: disponibilizar recursos financeiros para o crédito
    - Gestor: microStart SCRL-FS
    - Indicadores utilizados e implementados: taxas de reembolso e carteira de clientes
- **Perspetiva do cliente.** microStart quer aumentar o seu número de clientes, satisfazer as necessidades atuais dos clientes (facilidade de crédito, condições de reembolso, comodidade e cumprimento das

condições, treino e formação) e melhorar a situação económica, financeira e social.

- Objetivos: aumentar o número de clientes, satisfazer as suas expectativas, proporcionar formação
- Gestor: microStart SCRL-FS
- Indicadores utilizados e implementados: o número atual de clientes, a fidelidade dos clientes, o número de reclamações, o número de novos clientes adquiridos por via boca-a-boca, o número de clientes formados, etc.

- **Perspetiva dos processos internos.** Os aspectos mais importantes para a organização são, neste caso, o controlo da governação, a responsabilidade social e a transição homogénea entre a microStart SCRL-FS e a microStart como organização sem fins lucrativos.
  - Objetivos: governação e responsabilidade social
  - Gestor: microStart SCRL-FS
  - Indicadores utilizados e implementados: o número de membros formados na Assembleia Geral

- **Perspetiva de aprendizagem e inovação.** microStart faz questão de formar os seus empregados de modo a aumentar a sua motivação e desenvolver uma cultura empresarial que corresponda ao objetivo estratégico da organização sem fins lucrativos.
  - Objetivos: motivação, diversidade do pessoal, formações

- Gestor: microStart SCRL-FS e a organização sem fins lucrativos.
- Indicadores utilizados e implementados: rotação de pessoal, análise da satisfação do pessoal, número de horas trabalhadas pelo pessoal voluntário.

RESUMO

- O Balanced Scorecard é uma ferramenta de estratégia e gestão criada em 1992 por David P. Norton e Robert S. Kaplan.
- O BSC é um novo método para avaliar o desempenho e a melhoria da gestão empresarial.
- Esta abordagem inovadora dá aos gestores uma visão abrangente do negócio, porque se concentra nos resultados financeiros, clientes, processos internos e no conceito de aprendizagem dentro da empresa. O contrainterrogatório das quatro perspetivas significa que os interessados estão conscientes de todas as especificações da empresa e nenhum aspecto é ignorado.
- Todas as perspetivas estão ligadas por uma relação de causa e efeito, e os resultados finais são calculados a partir de indicadores personalizados que refletem os factos em números.
- O Balanced Scorecard é utilizado como um sistema de gestão estratégica a longo prazo.
- Alguns economistas sublinham as limitações do modelo: alguns intervenientes seriam negligenciados, a relação de causa e efeito é inexistente e o ambiente externo não está integrado.

LEITURA ADICIONAL

BIBLIOGRAFIA

Akkermans, H. e van Oorschot, K. (2005) Relevance Assumida: Um Estudo de Caso de Desenvolvimento do Balanced Scorecard Utilizando a Dinâmica do Sistema. *Journal of the Operational Research Society*. 56(8). pp. 931-941.

De Visscher, A., Robberechts, M. e Shyirambere, J. (2013) The Key Performance Indicators for microStart Social Performance and Impact Analysis. *microStart*.

Guillot, L. (Sem data) *The Balanced Scorecard*. [Online]. [Acedido em 16 de Junho de 2014]. Disponível a partir de: <http://lionelguillot.typepad.com/scmblog/files/rapport_bsc.pdf>

Kaplan, R. S. e Norton, D. P. (1996) *The Balanced Scorecard*, Boston: Harvard Business School.

Kaplan, R. S. e Norton, D. P. (1998) *Le Tableau de bord prospectif. Pilotage stratégique : les 4 axes du succès*. Paris: éditions d'Organisation.

Olve, N-G., Petri, C-J., Roy, J. e Roy, S. (2003) *Making Scorecards Actionable: Estratégia de Equilíbrio e Controlo*. Chinchester: Wiley.

Richmond, B. (1994) System Dynamics/ Systems Thinking. Vamos continuar com isto. *Revisão da Dinâmica de Sistemas*. 10(2-3).

Tonchia, S. e Quagini, L. (2010) *Medição de Desempenho. Ligação do Balanced Scorecard ao Business Intelligence*. Berlim: Springer.

Queremos ouvir de si!
Deixe um comentário sobre a sua biblioteca online
e partilhe os seus livros favoritos nas redes sociais!

A editora assegura a fiabilidade da informação publicada, a qual, no entanto, não poderia assumir a sua responsabilidade.

Mestre ISBN: 9782808065580
Papel ISBN: 9782808065870
Depósito legal: D/2022/12603/116

Desenho digital: Primento,
o parceiro digital dos editores.